JN293492

スポーツ法学序説

スポーツ法学序説

千葉正士著

信山社

はしがき

スポーツは、現代の世界で最も普遍的な人間活動の一つであり、スポーツ産業は今や多くの国で有数の大産業にまで成長した。しかしスポーツを総体として端的に対象とする科学は発達が遅れた。とくに法学は現行法に触れる法律問題として断片的に瞥見するだけであったが、実は、スポーツは法の問題を他面多様に抱えて学問的アプローチを待望している。

法人類学の見地からその問題性に注目して調べたところ、欧米諸国ではスポーツ法学がすでに成立していることを知って日本の遅れを痛感し、日本でもスポーツを健全に発達させるには、すべての人が権利として安全かつ公正にスポーツを享受できるように法を整備する要請のあることを確信し、過去十余年間その根拠と達成の方向性を模索してきた。

幸い多数の有志がこれに賛同し、その力が一九九二年に日本スポーツ法学会を結成し、以後堅実な活動を展開する中でスポーツ基本法制定を提案するまでに至った。同学会の活動範囲はまだ目標には及ばず日本の学界の中でも社会に対しても影響力はまだ大きくはないけれども、先進の世界に伍して発展する体制は整えられた。

各8章とも、もとは各別に発表された個別論文であったから、私自身がスポーツ法学に目覚めてきた過程の記録であるとともに、日本スポーツ法学自立の歩みとも重なるので、後続の若く気鋭の諸君がこの水準を踏み越えてスポーツ法学の花を開かせてくださることを願って、一書とする次第である。ただし、私の意図はスポーツ法学の樹立だけにあるのではなく、広く法人類学の展開ひいて一般法理論の構築にある（この点はとくに第7、8章を参照）ことを、念のため付言しておく。

各論文を本書に再録するにあたっては、最低限度必要な修正のほかはなるべく初出の形を残した（第3章だけは二論文の合成）。ただし、各章ごとに、必要な補注を加えたとともに、文献表は巻末に統一した。各章の初出論文については、巻末「参照文献一覧」中の千葉の項に一括して明示してある。

この論文集につき、再録を承認された初出論文掲載の編誌書と、出版社の袖山貴氏とに感謝の念をささげる。

二〇〇〇年一〇月

千葉正士

目　次

前編　スポーツ法学の基礎理論

第１章　欧米スポーツ法学の展開(1)

一　スポーツ法の問題性

わが国でスポーツの科学と言えば、これを専門とする体育学があり最近は生理学・医学などの中にもその一部門が興りつつあるということが、常識であろう。ではスポーツの社会科学はどうかと言うと、教育学や心理学などにおいてそれに類すると言ってよい研究がなされているけれども、概して断片的・散発的にとどまっていて、相当数の専門家集団が成立していてそれが科学的研究の一テーマとして学界で認められると言えるまでには至らず、まして社会科学の一分野として確立するほどのことは現在では夢に属する。もちろん法学すなわちスポーツ法学もその例外ではない。

法学がスポーツを研究対象として考慮しないことには、それなりの理由がある。まず、それは従来の法学がとり扱う課題ではなかった。つぎに、スポーツに関する法令が、文部省の管轄に属する範囲内においてはあるとしても、わが国の法体系中における比重はその程度であるから、それをとりあげるほどの余裕は日本の法学にはたしかになかったであろう。スポーツによる事故・事件か政策が、不法行為か犯罪かあるいは行政という法体系中の重要事項にふれるほどのことがあるならば、そのかぎりにおいてこれを法律的に処理することができればよかったであろうし、それを扱うには、不法行為法か刑法かあるいは行政法かの適用ですませられるから、特別のスポーツ法学などは必要がないということになる。

しかしまた法解釈学においても、スポーツにかかわる法律問題は、しばしば裁判所に提起されて判例をうみだし（伊藤尭一九八三、伊藤＝織田一九八八―九二、織田一九八七等参照）、法学者の中から伊藤尭（一九八〇）や濱野吉生（一九八八）のように体育法学さらにスポーツ法学樹立の声があげられており、また戦後におけるスポーツの普及と人権思想の高揚とからスポーツ権論やスポーツ人権論も永井憲一（一九七二）等から唱えられた（竹之下一九七五、中村敏雄一九八〇、松元一九八二）。これらに象徴される動向は、法学をスポーツの問題にも広げる要請で今後一層進展することであろう。

しかし他方で、所詮法解釈学の枠組みだけでは、どれほどその間口を広げても処理できないような実践的な法律問題あるいは法的な事件が、スポーツについてわが国の社会にも次々におこっている。たとえば、スポーツの指導における訓練としごきとの間、スポーツの指導者・組織者の責任の範囲、スポーツ施設と周辺住民との利害の衝突、アマチュア資格とくにその補助金や報奨金などの性格、プロ選手の契約・移籍や生活保障、スポーツ団体の組織と統制、そしてスポーツの国際化にともなう諸問題等々、くわしいその現状の検討は別の機会にゆずるが、その例は枚挙にいとまがない。

そしてこれら諸問題の処理については、スポーツ界の自主・自治に任せているといえば体裁はいいが、法的問題性がある限りにおいてきびしく言えば、法学がこれを回避か放棄かしている状態である。それらの諸問題には、法律的以外の人間的・教育的・社会的・経済的等他の諸要因が不可分に関連しているから、これらを法律問題の面だけで処理することはたしかに適切ではない。しかしそれらの法的意義を解明しこれを含む問題全体の処理に貢献する用意をすることは、広義の法学の社会に対する任務ではないであろうか。そしてその担当が、法解釈学でないとすれば、まず法社会学がこれに立候補すべきではないであろうか。もちろん法社会学が全面的ないし専属的にこれを扱うという意味ではないが、それが社会に実際に存在する法的な問題を取扱う科学であるならば、それらスポーツの現実問題を看過できないはずである。すくなくとも、法社会学がこれらをどうとり扱えるか扱えないかを明示する責任はあるであろう。

そればかりではない。法が他の社会規範ないし社会環境と密接に関連しているという一般的な意味において、そこには法哲学的問題性も潜んでいる。しかもそれだけでもない。スポーツとはルールによってなりたつ社会的文化であるから、その意味では、スポーツにとってのスポーツルールは一種の法で、市民生活にとっての国家法に比喩できるはずである。そしてこの二種の法は、一面ではそれぞれ別世界をなすとして区別されるが、他面では当然のことながら最終的にはルールが国家法の規制に服すべく位置づけられている。その点では、スポーツルールも、同様に世界に無数に実在する他の多くのルールないし非公式法と違いがないものと見られる。

しかしながら、スポーツルールには他とは大きな違いもある。それは、国家法がその自主性を尊重する程度において明らかに著しいことである。スポーツ中に生じた事故や問題が、市民生活中であるならば不法行為か名誉毀損・傷害・殺人などの犯罪となるはずの行為でも、しばしば当然のこととして民事・刑事の免責を受ける。そこには、宗教のルールが国家法からは独立の世界をなしているのに類するほどの、スポーツ法の独自性が実はあるのではないだろうか。そしてこれは、法社会学と法哲学が協力して追求すべき問題ではないであろうか。

現代のスポーツには、さしあたりとりまとめただけでも以上の法的問題性がある。これは、広義の法学がその能力の範囲においてとり扱って可能なかぎり解明すべき課題だと私は信じ、これにスポーツ法学の名を与えてその前進をここに訴えたい[2]。

その根拠は単に私個人の信念に属するのではない。実は、欧米諸国では、その出版物から見るかぎりでも、われわれの知らないうちに、スポーツ法学が法学の一分野として成立しており、その社会的意義がわれわれにも納得されるだけの十分な事実もある。以下においては、まずその状況を概観して、われわれが日本で何をすべきかを考える契機として役立てたいと願う。

二　西欧四ヵ国におけるスポーツ法学

本来ならば、欧米だけでなく海外諸国のすべてにおけるスポーツ法学の現状をここで把握したいのであるが、本章ではこれをイギリス・カナダ・アメリカ・ドイツ・フランスの五ヵ国に限ることにする。その理由は、直接には、それら以外の国については文献を私が入手できなかったということであって、実際にはそれの存在することが報ぜられている。しかし、上の五ヵ国の概況を知れば本章の目的は達せられると、私は理解している。(3)

ただし本章だけでは、そのすべてを一挙に紹介し論評することは不可能で、大きな鉱床を求めるための最初の試掘にとどまることを、読者に了解していただかなければならない。日本では出発点の基礎資料が皆無であること、および私自身の知見の不足と、この研究だけに専念できない事情とが、決定的な理由である。関係文献についても、一から始める収集では知るものも限られ、まして入手できるものはその一部にとどまり、そして入手できたものを十分に読みこなす余裕も限られている。その点では、本章の内容は私にも不本意なままである。しかし今は、自分の納得よりも、その存在を紹介し学界に訴えることを先と考えて、これをあえて公表し、学界にスポーツ法学の推進を訴えたいと思う次第である（本節は五ヵ国中の四ヵ国を扱い、アメリカを次節に譲る）。

1　西ドイツ（旧）

順不同であるが、たまたますぐれた双書のある西ドイツ(旧)から始めたい。国際スポーツ界の現況から見ると、東ドイツ(旧)の状況をも比較的に知りたいのではあるが、その文献を確認することができなかった。西ドイツ(旧)では、関係文献が図書リストに散発的に発見され、そのうちでもWeismann 1983が初期の基準書かと思われる。

その後の「法とスポーツ（Recht und Sport)」六巻は、全体を概観させてくれるありがたい双書である。(4) これは、スポーツの実際に生ずる諸問題と法体系との関連を実定法の諸領域の境界をこえて研究するという目的で、一九八二年に組織されたコンスタンツ・スポーツ法研究会（Konstanzer Arbeitskreis für Sportrecht）が、テーマごとに行った各研究集会の諸報告三―四編を各一巻にまとめたもので、分量は大きくはないが、啓蒙的価値ははなはだ大きい。

第一巻のSteiner 1984は、『高レベルの児童スポーツ』と題され、このテーマについて、家族法と医学とからの観点および国家奨励策のあり方を論じ、現在の欠陥を修正するための目標をも示唆している。第二巻のScheffen 1985『スポーツにおける責任と周辺住民保護』は、スポーツの参加者・会場管理者・主催者・観衆・周辺住民等にかかわる責任の問題につき、判例に基づいて法理論を展開しているが、その焦点とされたものは、まず競技参加者の「高度の危険に対する事前の同意」、ついで競技者自身の一般的注意義務、そして、スポーツ団体の競技者と、競技場に関する規則・内規に従う競技場管理者と主催者との契約条件上の義務であるが、他方でスポーツ参加者と周辺住民との対立問題も多くなっているという。

第三巻は、Grunsky 1985『募集行為とスポーツの特性』で、スポーツ選手個人とスポーツ団体とによるいわばスポーツ契約をテーマとして、実際に行われている契約や団体規則の慣行とくにトッププレイヤーのそれについてさまざまの見解を提示している。第四巻 Reschke 1985『労働としてのスポーツ――アマと利得の法的性質』は、プロ化と商業科の国内的・国際的進行をテーマとしているが、法学はスポーツ固有の規範を尊重すべきこと、およびアマとプロとの中間に第三の類型を設けることの示唆が、注目される。

第五巻 Schild 1986『ドーピングの法的問題』は、このテーマに関する実例と対策、民事・刑事の責任、予防の方策とくに法的手段を論ずる。第六巻 Tettinger 1987『スポーツへの資金補助』は、スポーツ団体の財政および国家補助の諸形態につき、憲法・行政法から税法までにわたって法的問題点を論じている。

この双書の多くの編者は、新しい試みであるために議論の広さと深さがたりないと謙遜しているが、こうしてまとめて全体を見ると、わが国ではまだ学界で取上げられていない多くの問題が自覚的・組織的に研究されていること、そしてそれによって、実際問題の多様で複雑な状況とともに、それを伝統的法理論だけでは処理できないという認識、ひいてスポーツ固有の法への着眼など、前節で言及した諸問題点が現実に法学として展開されていることが明瞭に知られるであろう。

2　フランス

野村一九八九によれば、フランスでは、スポーツに関する法律が、早くもヴィシー政権下の一九四〇年に最初に制定され、一九四五年の解放後はその数を増しており、そして一九八四年に至って、スポーツ基本法として「スポーツ活動の組織および振興に関する法律」が制定された。ただし、それらのフランスの法律は、プロスポーツをも含んであらゆるスポーツの奨励と規制を目的とする国家行政の方針を具体化するものであるから、(5) スポーツに関する学校・会社・連盟等の諸組織の権限と責任、スポーツ活動とくに高レベルのスポーツにかかわる基準・医学的監督・保険、スポーツに関する施設・教育・職業等のいわば公的規制を問題としていて、個人的立場におけるスポーツの享受およびそれから生ずる事故や紛争などの私的問題にはかかわらない（原典は*Droit et sport* 1984）。

スポーツに関するその私的な法的紛争の事例を集めたものが、Alaphilippe & Karaquillo 1985である。これは、諸裁判所の合計三〇六事件の判例を集めたもので、その第二部に表記された二四七事件は三一種のスポーツにわたっており、(6) その第一部は、別の五九事件を、スポーツ団体の内部規則、フットボール団体の解散、宣伝広告と支援、責任と保険、労働と社会保障、その他、計六の問題領域に分類して評釈している。

この書は、実は両著者が編集した六巻の双書「スポーツの法と経済」の第五巻であるから、他の編著者による、フットボール・クラブへの補助、プロフットボール選手の労働条件、スポンサーの支援、ボランティアの指導、およびスポーツ関係税法の、他の五巻[7]とあわせて精細に検討すれば、フランスにおけるスポーツ法の問題状況の全体を知ることができると思われる。ただし私にはその余裕がないので、今後の検討に待つ。

3　イギリス

イギリスのスポーツについては、前述のドイツとフランスよりも文献が豊富である。ただし法に関するものよりも、歴史学や社会学の観点からのものが多く、それらを瞥見すると、スポーツがイギリス人の社会生活の展開の中で無視できない重要な伝統的要因をなしていることが理解される。事実、イギリスに起源を発するあるいはそう言われている近代スポーツは、クリケット・ゴルフ・ホッケー・ボート・テニス・フットボール・乗馬・等々、種類が多い上に、それらの例からしても、スポーツが勝敗だけを争うのでなく、社会の人々がその場所と機会を用意し多数の人がともに楽しむというそのスポーツ哲学のあることがうかがわれる。しかしこの点の研究は、最近興りつつあるスポーツ社会学に譲っておく。

しかし他方で、スポーツが国民の社会生活の中で不可欠の要因をなしていればいるほど、それが加熱してサッカーやクリケットがならず者と訳されるフーリガン(hooligans)に攪乱されたり、あるいは商業化の大勢に利用されたりすることが多くなった。スポーツマンでもあり弁護士でもあるエドワード＝グレイソンは、早くからこれを憂慮してスポーツ界における「法の支配」の徹底を念じて資料を集め、類書としては最初の『スポーツと法』の一書を一九七八年に著し、これを更に補訂してGrayson 1988とした。この書は、法学書として見れば理論的分析も体系的整理も十分とは言えないが、もりこまれた情報は豊富でこれを精読して再編成すればスポーツ法ハンドブックができると思われるほどである。(8) 以下、これによってイギリスにおけるスポーツ法の問題を概観する。

イギリスでは、かつてはスポーツはジェントルマンのものであり、かりに事件がおこったにしても伝統のコモンローにより民事・刑事の責任を判定すればすんだ。それが一九五〇年代より変わりはじめ、六〇年代からは政府もこれに対し組織的に対応するようになった。そして現在は、一九八七年六月一〇日のタイムズによれば、スポーツ産業の常勤従業者数は三七万六〇〇〇人で石炭・ガス・農業よりも多く、それがもたらす収入税と付加価値税は自動車産業にまさり、これに消費される金額は出版物の総計を上まわるほどである。(以上、pp. 1-2, 12-14.)

この大勢のもとで比較的最近おこった法律問題としてあげられるものは、クリケット場周辺の環境公害、アマチュアラグビーにおけるルール違反の民刑事責任、プロフットボール選手の契約問題、プロクリケット選手の免税特典、チャリティスポーツの地方税免除、人権問題に関する対立判決、フットボール協会の裁定に対する裁判所の逆転判決、実際に最も多い対人傷害と証拠問題、議会の立法活動等である(pp. 31-46)。スポーツは、本来自由な遊び、健康な競争、楽しみ事であるはずのものであるのに、今や商業主義、政治と大組織、国際関係、そして暴力と薬剤等々によって変貌してしまった(9)(pp. 54-65)。

そこに、法の十分の機能が要請されるが、その法の領域につぎの六つがあげられる(pp. 11, 55, 65, 200; cf. pp. 20-21)。これらが、グレイソンの言うスポーツ法である。

(1) スポーツ・ルール　スポーツ実行者の不公正・不正を禁ずるルール
(2) スポーツ罰則　審判が現場で加える制裁
(3) スポーツ制裁法　スポーツ団体の行う制裁処置
(4) 国家法　上の諸スポーツ法を規制し民事・刑事の責任を課するもの
(5) 国際スポーツ団体法
(6) 外国のスポーツ関係国家法

4　カナダ

右のイギリスの伝統をうけつぎながら、最大のスポーツ国アメリカ合衆国をすぐ隣りに持つためにその影響を直接にうけて比較的早くからスポーツ法を問題にしてきたのが、カナダである。すでに一九七六年以来カールトン大学とオッタワ大学とで講義を行っていたジョン＝バーンズのまとめた書がBarnes 1983で、当時のスポーツ法に関するカナダの概況を知るにはよく整理された好著であるから、その要点を以下に紹介しておく(10)。

カナダでは国技であるホッケーが問題の発端となった。すでに一九〇〇年以降とくにプロホッケーが盛んとなった一九一〇年ころより、その諸団体の管理と契約にかかわる紛争および暴行・殺人等の事件が、民事・刑事の問題とされていた。連邦政府は、スポーツの持つ道徳的・教育的価値を評価してこれを奨励してきたが、くだって一九七〇年代にいたって、スポーツに対する政治の干渉、過大な商業主義、続発する競技選手の訴訟問題などが常態となると、これを国民文化として護るために積極的に保護策をとるようになった。その主要な目標は、カナダのスポーツ制度を外国の干渉から守ることと[11]、選手の自由と安全を保障すること、そしてスポーツ施設利用の差別を禁ずることであった。(pp. 1–2.)

しかし「スポーツ法」と名づけられるような特殊な法律があるわけではない。スポーツ法とは、スポーツにかかわる紛争に適用される一般の国家法のことであるが、具体的には、三つの形態のものがある。一つはとくにスポーツ問題を処理する目的で制定された連邦法および州法、二つはスポーツ関係訴訟を通じて成立するに至ったスポーツ法原則、そして三つがスポーツ特有の事実関係である[12]。それらの内容は二つに大別される。一つはスポーツに参加する場合の法で、発生した危害に関する民事・刑事の責任を判定するもの、および、狩猟・釣り・飛行・ボート等の方法を定め、またスポーツの安全・公正かつ平穏を保障するための規制であり、二つは、スポーツ団体の規制で、団体連合・労働・契約等に関する法律の諸規定がこれにかかわる。こうしてスポーツ法が展開し議論をかさねた結果、今や一つのスポーツ基本権が新たに成立しつつある。すなわち「みずから選択したチームのために安全にスポーツをする権利」である。(pp. 3-5.)

以上の第一章に計七章の詳説が続いている。第二章「政府の対策」によれば、一方で連邦政府が早くから政策の一環として、税法、オリンピック法、プロフットボール法等の法律を制定し、また実際上ホッケーではアマ・プロとも選手を保護し財政を補助し、南ア問題などの国際的スポーツ紛争には厳しく対応し、他方で各州政府も、当初の連邦への協力をもう一歩進めて一九七〇年代からは省をおくなどして独自に規制と保護をしている。それを通じて、黒人・少数民族・外国人・女性そしてキューベック市民などに対する差別禁止立法の成立したことが、特記されている。

第三章以下で、現代のおもな問題領域が説明されている。それらは、ホッケーにかかわる傷害・殺人・混乱暴動等と刑法適用の問題、スポーツ団体の連合体と選手のトレード・契約とに対する規制、アマスポーツとしてホッケーと大学陸上競技の規制、プロスポーツとしては、フットボール・ホッケー両リーグの規制、および、選手と経営者との交渉・契約・団体交渉の問題、そして最後に補償の問題として、選手・観衆・主催者・学校教師・クラブ・コーチ等の不法行為・損害賠償と医療・公害・保険等が、いずれも事件・法律・判例を豊富に引用して述べられている。

三　アメリカにおけるスポーツ法の問題

1　概　況

以上の諸国に比べて、文献の量においてもまたそれらが伝えている問題の多さと研究の広さにおいても、アメリカは抜群である。概説書も、早い時期のWeistart & Lowell 1979から包括的なBerry 1984とあり、判例集としてもAppenzeller & Appenzeller 1980やYasser 1985b（一九九三年に第三版）があり、事例集にもSobel 1977; Berry & Wong 1985があり、さらに文献集と言えるものもUberstine 1985その他がある。

そして多くの関連書は、すでに内部分化をとげたいくつかの専門分野を代表するかのようにさえ見える。たとえば、Holmes 1980; Baley & Matthews 1984; Yasser 1985a 等およびHorrow 1980は、それぞれ古典的問題とも言うべきスポーツ事故の責任問題と暴力問題とについて、Arnold 1983; NCAA 1985a, 1985b; Wade & Hay 1988等は学校と学生のスポーツについて、Gaedelmann et al. 1977; Appenzeller 1983その他多くの論文が差別問題について、Gallner 1975; Ruxin 1982; Fishof & Shapiro 1983 等は選手契約について、それぞれ専門的記述をしている。そして以上の諸分野をいわば横断する分野も、Waicukauski 1982; Jones 1980; Sloan 1983 等のアマ・プロ問題、Sports Lawyers Association 1984その他の税法問題、Guttmann 1986その他の観衆に関わる問題、Nafziger 1988その他の国際問題、そして以上すべてにまたがるNoll 1974; Johnson & Frey 1985等の政府の政策問題がある。(13)

それらの諸専門分野も現在それぞれに拡大中であるから、その現在の全貌をただちに概観させてくれるような好都合な文献は見いだせない。これは、今や噴火の真っ最中とも言うべきアメリカ・スポーツ法にはやむをえない事情であろう。たださいわいなことに、その情報を網羅的に伝えてくれる一書がある。G・A・ユーバースティンのUberstine 1985である。この書は、連邦と各州の法令と主要判例、図書・雑誌論文等々をくわしく集めて簡潔な評釈を加え、なお各種団体および代表的な指導者・法律家・用語の一覧までそえた、便利なハンドブックである。これは、具体的な問題の内容を論ずるものではないが、以上の資料を整理するために採用している分類項目は、今アメリカで噴火中の諸問題をほぼ網羅すると思われるので、以下にはこれを紹介することにする。(14)

2　問題の分類

(a)　代理人（agents）

プロスポーツ選手にはプロの代理人がついていて、プロスポーツ団体との選手契約の交渉にあたり、さらに後見人的な世話をすることも多い（p. 220）。代理の原則と契約法がここに適用されるが、内容は労働契約である（pp. 64-65）。

(b)　アマチュアスポーツ

(1) 憲　法　学生の自由権や正当手続きなどについて
(2) 教　育　学生を食いものにすること（educational exploitation）と、差別問題について
(3) ＮＣＡＡ　National Collegiate Athletic Association は強力な組織なので、その内部における諸規則と諸手続きおよび統制が、時に事件となることがあり、とくにこれに対する反トラスト法適用の可否について（後述参照）
(4) 不法行為と損害賠償　古典的な問題の新しい展開について
(5) 税　金　課税と減免について

(c) 反トラスト問題

(1) プロスポーツ一般　選手・オーナー・ファン・市民を保護するための一般的問題について
(2) 四大スポーツ　野球・フットボール・バスケットボール・ホッケーそれぞれについて
(3) その他のスポーツ　ボクシング・ゴルフ・サッカー・ボーリングなどについて
(4) 二重所有（cross-ownership）規定　ＮＦＬ（National Football League）は、所属するオーナーたちが他のプロスポーツ大リーグのチームに支配力を持つことを禁じているので、これが反トラスト法違反とされたことについて（p. 220）。
(5) だきあわせ契約（ticket tie-in）　とくに、シーズン通し切符の購入に他の何らかの購入が条件とされていることについて

(d)　放送・放映

(1)　一　般

(2)　反トラスト法問題　とくに、ブラックアウト(blackout)の除外、すなわちＮＦＬ所属のフットボールクラブの地元における試合をテレビ中継することを禁止するＮＦＬの規定が是認されたことについて

(3)　有線テレビジョン（ＣＡＴＶ）　とくに、ふりむけ放送（siphoning）の問題について

(4)　著作権　個人的コピー、あるいはＮＣＡＡの規制の反トラスト法問題について

(5)　その他　いろいろあるが、選手本人とクラブとの間の紛争についても

(e)　差　別

(1)　身体障害者

(2)　人　種

(3)　性　高校、大学でともに多い事件の例

(f)　フランチャイズ

(1)　反トラスト法問題　とくに、移動にともなう問題について

(2)　収用権(eminent domain)問題　地方政府がプロチームの他都市への移動を阻止するためにこの権限を発動する問題について

(g) 労　働
(1) 一　般
(2) 仲　裁
(3) 契約問題
(4) 団体交渉
(5) ストライキ
(6) 選手の移動の自由
(7) 給与問題
(8) 労働組合
(9) 選手の事故に対する損害賠償問題

(h) 責任の問題
(1) 暴力と刑事責任
(2) 不法行為責任　参加者・選手、コーチ・体育指導者、用具のデザイナー・製造者、観衆・会場管理者等について
(3) 注意義務　危険引受け（assumption of risk）原則の修正、その他について

(i) 課　税

(1)　プロ選手の税金
(2)　プロスポーツ・フランチャイズのオーナーの税金
(3)　目的外事業収入税（unrelated business income tax）

以上がユーバースティンの書から得られた、アメリカ・スポーツ法学の現在の諸問題である。その点では、まだ確立されていないわが国のスポーツ法学を発達させるために示唆するところが大きい。しかしその理解には注意すべきことが若干ある。一つは、各問題の発生する実際の量と法的意義は別に評定されるべきこと、つまり問題の性質ないし重要度については別の分類がなされるだろうこと、二つは、本書刊行時以後今日まで約十五年間の新しい文献をこれに追加して再検討すること、そして三つは、右の表から脱落している問題もあるであろうからこれを正確に補充することである。最後の点に関しては、国際関係におけるスポーツ法と、制裁の方法を含むスポーツ固有のルールとを、とりあえず指摘しておいてよかろうと思っている。

3　歴史の概要

おわりに、アメリカスポーツ法がなぜこのような特別の発展をしたかを理解するために、ジョンソン＝フレイ共著のイントロダクションにより（Johnson & Frey 1985: 1–17）、その社会的・歴史的背景を簡単にふりかえっておこう。

アメリカ社会においてスポーツは、第一に、社会に不可欠な諸価値を包蔵する哲学である。すなわち、フェアプレー・規則順守・平等などに加えて共同社会の帰属意識さらに国民的プライドを促進する。第二に、スポーツはもともと法に依存する人間の活動である。すなわち、規則類・管理運営・専門特殊性・合理性・技術性等々の支配が要求され、したがってこれらに関する紛争が生じざるをえない。第三に、その「巨大産業（big business）」の現状を政府は放置しておけない。すなわち、スポーツは、一九六〇年以前は牧歌的で国家政治と無縁であったが、その後アマ・プロとも企業として組織化されさらに商業化が進むにつれて貨幣の支配が進行し、政府はスポーツの価値を護るために関与せざるをえなくなった。第四に、スポーツは今では「公共の信託財産（public trust）」とまでなっている。したがって政府は市民のために、公正な競争を促進し、差別を排除し、競技団体を調査し、市民権を法律で守り、自由なテレビ視聴を保障し、暴力の行過ぎを規制しなければならなくなっている。

これらの政府の関与に対しては、エリートスポーツ企業家に奉仕しているとか、ブルジョア支配の一環だとかいう批判もなされているが、むしろこういう批判のあることこそスポーツと国家との関係に関する自由な多元観の証拠で、ここにスポーツのよさがある。すなわちスポーツは、市民の自由意思による共同行為で、人はこれによってストレスを解消し、共同社会のアイデンティティを確認し、一時の自己顕示を楽しむ。それは、特殊な階級・階層だけのものではなく、全市民に共通の公共の利益なのである。スポーツが政治に利用されとくに国際スポーツが過度の国威発揚の手段となることを防ぐためにも、国家はこれに関与せざるをえない。

このようになるに至った過去を回顧してみると、スポーツは、今世紀初頭においては青少年の娯楽であった。やがてアマチュアの大学フットボール選手やプロ野球のベーブ・ルースに代表されるようなスポーツの国民的英雄が現れるようになっても、それはまだアメリカ民主主義の伝統と価値を象徴するもので、青少年と移民に対するアメリカ人化教育の手段であり、政治の関与を許さぬ牧歌的世界であった。

したがって議会は、一九五〇年代には、アマスポーツについて五〇年にオリンピック委員会を制度化した以外は何もせず、プロスポーツについて提案された五〇余の法案もすべてリーグの自主規制を支持するものであった。裁判所も、プロ野球に反トラスト法を適用することを拒否した一九二二年最高裁判決の伝統を守り、スポーツには自主規制を期待していた。行政府も、大学スポーツにおこった暴力やギャンブルなどの大事件あるいはＮＣＡＡとＡＡＵとの紛争(15)に例外的に関心を示しただけであった。それが、一九六〇年代の中ごろからスポーツ産業の肥大によるスポーツのルールと価値の侵犯を規制するために、スポーツ関係者と政府との双方から法の関与が要望されるにいたった。

問題は多様であった。プロスポーツでは、リーグとチームの競争のために給与引上げと選手引抜きが激化、フランチャイズも税金と補助金との関係で売買が頻繁となり、テレビ放映が加わるとリーグの統制は一段と強化された。この動向に対して選手は労働組合を結成して、裁判闘争からストライキやロックアウトに訴え、競技スケジュールもしばしば妨害された。アマスポーツも、各団体におけるメンバー、とくに女性の要求が強くなり、外ではソ連・東独に地位を脅かされた。そこに、社会一般の風潮である薬剤・ギャンブル・暴力が伝染してきた。

かくて一九七五年、大統領はオリンピック・スポーツ大統領委員会を設置し、その延長として一九七八年にアマチュアスポーツ法を成立させてから、アマ・プロ双方のスポーツの指導に積極的にのりだした。議会では、一九七六年下院にプロスポーツ特別委員会が設けられてから、いくつかの委員会が増設されて立法活動とともに調査活動において顕著な影響を与えた。裁判所も、反トラスト法(16)・労働条件・課税・放送放映・市民権等々に関連して、積極的に選手の権利を保護するようになった。

スポーツは、アマ・プロの個々の選手と労働組合も、他方でオーナーとリーグも、相互に対抗しながらこの大産業をにないつつあり、そしてその中で警戒しつつも政府の保護をひきだしつつあるのである。

四　わが国スポーツ法学の目標

以上が欧米におけるスポーツ法学の概略の現状だとすれば、わが国でこれを発展させようとするときの目標ないし諸分野が具体的に示唆されるであろう。その論議を誘発することを願って、私が今思い浮かべるいくつかの問題点を以下に記しておく。

まず、西村一九八八―八九は、スポーツ法解釈学が担当すべき問題領域を概括しており、その各領域については、伊藤一九八〇、一九八三や伊藤＝織田一九八八―九二のような専門的研究を進めることが望まれる。また濱野一九八八も諏訪一九八七や野村一九八九とともに、広義のスポーツ行政法を開拓する課題を示している。さらに野間口一九八七、一九八八は、応用スポーツ法学がともなわなければ意味がないことを訴えていると言えよう。加えて、わが国ではまだ例がないが、スポーツ国際法学の開拓も、現代スポーツ国際化の現状からして必要であることが明らかである。そしてそれらすべてを効率的に前進させるためには、先進的な欧米のスポーツ法学から学ぶべきことがきわめて多い。法学は、国家法をめぐってそれら諸分野のスポーツ法学を発展させるべき課題を与えられている。

ただし法学の正統的理論だけでは処理しきれない問題点が多い。この点でスポーツ法学は、体育学・教育学をはじめスポーツ医学・スポーツ心理学そしてスポーツ社会学・スポーツ人類学等々との緊密な協力を要請される。そしてそれがわが国のスポーツ法学であるならば、同時に、道徳・文化・社会等国民生活の全体におけるスポーツ文化の正確で合理的な位置づけについて、自覚的な国民的合意の得られることが求められるであろう。この点で、欧米の進んだ状況と比べるならば、わが国についてさしあたり二つの疑問点がただちに浮かびあがってくる。

一つは、欧米ではスポーツ行政の主務官庁が時には内閣の一省をなすほど重要視されていること、およびそのいずれもスポーツだけではなくレクリエーションやレジャーなどをあわせて管轄していることである。(17)わが国ではその声がないことはないが、(18)まだ具体的な案にはなっていない。それはなぜか。ここでスポーツの社会的性質ひいては、その概念について綿密に検討すべき必要に迫られる。もう一つは、これに関連して、どの国でも国民の間にスポーツに関するいわば哲学が成立していることである。アメリカでは明確に定式化され、イギリスでは社会的伝統として自明であり、その他の国についても、スポーツ法ないしスポーツ法学に熱意があることの背後にはスポーツ哲学が働いていることを感ぜざるをえない。わが国では、明確にそう言えるものが少なくとも今はないが、これはなぜか。はたして本当にないのか、いずれは自覚し定式化できる実体が実はあるのか、それともないままでもよいのか、深慮すべき問題である。そこで、スポーツ法学は、伝統の枠をこえる飛躍を要請される。とくにスポーツ法社会学のために、私はさらに一つの研究目標を提示して大方の考慮をわずらわせたい。

その一つはスポーツ固有法である。(19) スポーツは、一団の人が特定の目的を求めて所定のルールにしたがい組織的に行動する一つの文化である。この意味で、スポーツとルールの順守とは同義語であり、ルールすなわちそれ固有の法なくしてはスポーツは成立しない。このスポーツ固有法は、性質上は公式法の国家法ではないが、その自主的な価値を国家法から尊重される非公式法である。実際にスポーツ人がまず順守する法は、国家法よりもまずこのスポーツ固有法である。ではその実態はどうなのか、そしてその法理論はどう構成されるのか、これが、すぐれて法社会学的目標として現れる。

さしあたり挙げてみるだけでも、スポーツ固有法にいくつかの種別が認められる。中心はいわゆるスポーツルールだが、これにも分ければいくつかがある。まずいわばスポーツ進行規則は、スポーツを成立させ実行させる前提条件をなし、スポーツの種別ごとに多様・複雑な内容を持つ。それにスポーツ資格規定と言ってよいものがともない、競技者・審判人・運営者そして時には主催者・観衆にまでわたって各スポーツごとに参加者の資格・条件を規定するが、ここにそれに基づく契約や移籍、あるいは根本的にアマチュア資格などの諸問題が現れる。別に制裁手続もあり、その現状の精粗はさまざまだが、進行規則と資格規定との違反に伴う制裁を含む。さらに以上の諸スポーツルールのどれかを特定して採用するスポーツ団体協約があり、最下位の団体から大きな連合体にいたるまでその組織的規制力は、スポーツのあり方を決定し、それが大となると国際関係をともなうので、国際スポーツ固有法もあることになる。国際と言えば、各国に生きる伝統スポーツの固有法にも私は関心を持つ。わが国では相撲・蹴鞠・武道（稲垣優一九八七の古泳法もその一）などの類である。これらは近代スポーツとは異なるが、その固有法はわが国社会一般の固有法の一面であるから、その研究は理論法学で今日大きな問題となっている日本法文化の研究に寄与するに違いないので、伝統スポーツ法をここに加えておきたい[20]（以上の例示は、第3章一で整理分類している）。

そのように考えると出てくる問題が、スポーツ固有法とスポーツ国家法との関係である。問題点は、当然、国家法は固有法の自主性を尊重するが、必要があれば援助しあるいは介入しなければならないので、その基準あるいは条件・限界・手続が問題となる。現在の国家法の解釈によれば、憲法上の基本的人権にもとづく自由な行為として個人の行うスポーツの享受とそのための結社があり、スポーツの進行過程で生じた事故については、特別な故意・過失がなければ、危険に対する「事前の同意」ないし「危険の引受け」等の法理によって違法性が阻却され民事・刑事とも免責される、ということであろう。このことは基本的原則である。しかし欧米の現状を見ればそれはかつての牧歌時代のことで、今はそれが修正ないし補充されている。その実状を正確に認識し新たな法理論を構成することが、スポーツ法学の理論的課題である。[21]

このようにスポーツ法が国家法と固有法とのいわば協同として存在し機能しているとすれば、最後に、それが法であることの理論的証明が法哲学の課題となるはずである。

（1）　本章は、直接には、東海大学社会科学研究所一九八八年度共同研究「海外におけるスポーツ法学」の一成果である。しかし実際には、一九八四年から同大学の法学研究所と体育学部の有志が始め、一九八六年からは社会科学研究所の共同研究として実施してきた「スポーツ法学」の総合的成果の一部である。その成果としては、他にも、座談会「スポーツと法」一九八六、稲垣優一九八七、西村一九八八―八九、野村一九八九、野間口一九八七、一九八八がある。したがって、本章の内容には、その共同研究によって教えられたことが含まれている。

以上の理由で、本章は、最初は同研究所の機関紙『行動科学研究』三一号に発表された（一九九〇年三月）論文を、一部の表現を訂正して、『東海法学』に転載したものである。このことを快諾してくださった同研究所長と『東海法学』編集委員に感謝する。

（2）スポーツにともなう法律問題の合理的解釈とか、ひいてスポーツの健全な発達への寄与とかも、スポーツ法学のりっぱな目的である。しかし私の目的は、山がそこにあるから登りたくなるのと同様で、法社会学的ないし法哲学的問題が実在するからそれを確かめたいということである。

（3）本章作成後に入手したWill 1988の文献表によれば、EC諸国では、域内全般についても各国別についても、イギリス・西ドイツ・フランス・イタリー・スペイン・デンマーク・ベルギー等の諸国に関係出版物がある。

（4）本双書はその後も引きつづき刊行されており、本章の原論文初出時には第十巻に至っている（その後もさらに継続している）。各巻は、以下のとおりである。

Reuter, Dieter, Hrsg. 1987. Bd. 7: *Einbindung des nationalen Sportrechts in internationale Bezüge*.

Krähe, Christian, Hrsg. 1987. Bd. 8: *Wassersport auf Binnengewässern und Bodensee*.

Burmeister, Joachim, Hrsg. 1988. Bd. 9: *Sport in kommunalen Wirkungskreis*.

Pfister, Bernhard, Hrsg. 1989. Bd. 10: *Rechtsprobleme der Sportwette*.

（5）柔道にも、一九五五年に法律が制定されているという（野村一九八九、一四一頁）。

（6）登山、カーレース、陸上競技、ボート、バスケットボール、カヌー、プロレス、サイクリング、乗馬、フットボール、体操、ハンドボール、陸上ホッケー、柔道、空手、レスリング、オートバイ、水泳、スケート、ハイアライ、ウィンドサーフィン、ラグビー、スキー、水上スキー、飛行スポーツ、潜水スポーツ、闘牛、ボードサーフィン、テニス、射撃、ヨット。

（7）N° 1: *Les subventions municipales aux clubs football*, par J.-F. Nys.

N° 2: *Salaire, travail et emploi dans le football professionnel français*, par J.-F. Bourg.

N° 3: *Le sponsoring. Analyse économique du comportement des entreprises en matière de parrainage sportif*, par P. Biojout.

N° 4: *Le dirigeant sportif Bénévole*, ouvrage collectif.

à paraître（一九八五年現在）: *La fiscalité dans le domaine du sport*, par J.-L. Lenclos.

(8) 付録も豊富である。ならず者攪乱のなかったフットボール場の一覧（一九一九—三九）、スポーツ安全法（著者の案）、スポンサー契約見本、同上のチェックリスト、公共施設の競合利用法（案）、レジャー担当政府諸機関一覧、私的スポンサーに対する課税に関する大蔵省覚書（抄）、非営利クラブおよび競馬に対する付加価値税等。

(9) 著者は別に、暴力・薬剤・商業主義・政治介入を四悪としてあげている（p. 303）。

(10) 約四〇〇の判例を引用し、連合体調査法（抄）、カナダ・フットボールリーグの標準選手契約書、コーチ・指導者のための保険概要を付録としている。

(11) これを象徴する事実がある。カナダのプロホッケーでは、フランチャイズの大部分がアメリカ人の所有と経営に帰しているということである（p. 2）。

(12) ただし著者はこれを法とは言っていない。私は、そこにスポーツ固有の規則ないし原理すなわちスポーツ固有法を発見できると思うので、あえてこう言っておく。

(13) ここで紹介した諸書の多数は、Uberstine 1985（本文後述参照）が列挙するものの中からその評訳を参考にして私が選定したものである。そのうちの少数のものは私も読んだ結果この著者の評価は信頼できることを知ったので、本章の目的をも顧慮して、そのような取扱いにした。

(14) しかし本書は資料の整理と叙述の体系性に難があるので、下位の小項目については私がこれを一部修正した。

(15) AAUは、Amateur Athletic Unionで、これとNCAAとの多年の対立は宿怨関係（feud）とさえ言われ、一九七〇年代にアメリカがオリンピックではじめて敗れたころ最高潮に達したという（p. 8)。

(16) スポーツ団体にも反トラスト法が次第に適用されるようになり、現在では野球がこれを免除されているだけとなった。これを「野球の適用除外（baseball anomalty)」という（pp. 10, 17)。

(17) カナダでは、関係の省が、フィットネスとアマチュアスポーツのほか、別に、文化とレクリエーション、国民の健康と福祉、観光とレクリエーション、とあり、プロスポーツについては、National Labour Relations Act, 1935を基本法として、全国労働関係庁（National Labour Relations Board）が管轄している（Barnes 1983による)。

(18) スポーツ省を設けることは、関係者の間で叫ばれている要望である（座談会「スポーツと法」一九八六、五六―五七頁参照)。

(19) 私は、はじめはこれをスポーツ・ルールと仮称していた（座談会「スポーツと法」一九八六、七三頁）が、ここでこれを「スポーツ固有法」に改める（固有法は、一般的には「当該法文化の伝統文化に起源する法」だが、スポーツの場合には、ニュースポーツのように新たに創造されて伝統となるものもある)。

(20) 以上諸種のスポーツ固有法は、すぐ後に、スポーツルールとスポーツ団体協約とスポーツ法理念との三大別に整理されている。

(21)　われわれの研究グループでは、スポーツの練習者・選手とその指導者との間に成立する、むしろ前提とされる特有の信頼関係が、技術の進歩と事故責任の免除とのため不可欠であることが認められた(座談会「スポーツと法」一九八六、四〇―四二、七四頁)。スポーツ固有法の重要な原理の一つに、信頼の原則があると言えよう。

補注

本章の初出(千葉一九九〇)は、スポーツ法学が日本には知られていなかったにもかかわらず欧米諸国においては目ざましく興隆していた実情を知ったことに、驚くとともに喜んでその大勢を日本に紹介するために調査の上発表されたものである。その結果、私自身が本章に続く諸章を以後に個別論文として作成することになっただけでなく、かねてよりスポーツ法に関心を持っていた有志がこれを契機として協同をはかり、日本スポーツ法学会を結成するに至った。ただし初出論文は一九八八年ころまでに発表された欧米の文献に拠っていたから、それ以後の状況については補充する必要がある。

日本スポーツ法学会が結成されてからは、その年報(一九九四年の第一号以降)が、千葉＝濱野一九九五とともに、アメリカ・イギリス・フランス・ドイツ・ニュージーランド・スウェーデン・中国・EU・オーストラリア等からの情報を提供している(巻末文献一覧表を参照)。

第2章　わが国スポーツ法学の課題

はじめに

わが国スポーツ法学の課題は、二つの問題、すなわち、まずスポーツ法とは何か、そしてつぎにそのスポーツ法になぜ法学が必要か、を問うものと私は理解する。前の問題は、スポーツ法と名づけて法学が研究すべきものは何かということであるから、学問の対象を問うもの、そしてあとの問題は、それを今なぜ法学が取り扱うのかということであるから、学問の方法を問うものである。

スポーツ法学の対象に関する問題のうち国家法については、他章で紹介したように日本の法学にも相当の実績があり(第四章七六―七九頁)、また本章執筆の契機となったシンポジウムでも他の研究者が論及している(補注参照)のでそれらに譲り、ここでは固有法についてだけ言及する。

後の問題、すなわち、なぜ法学がスポーツに手を出すのかという問題は、法学方法論に属する。法学方法論は、私が法学の研究を志した根本的な動機にもかかわり、また、実際に一〇年前にスポーツ法の研究を始めたのも、一つにはこの関心からであった。したがって、これについては私自身が答える責任を感じているので、スポーツ法学の方法を論ずることから検討を始めたい。

一　転換期の現代法学

1　現代という時代は、二〇世紀の世紀末にあたり二一世紀を間近に控えているので、去りゆく世紀における人類の営為についてさまざまの反省がなされるとともに、来るべき世紀への待望がいろいろと語られており、それによって、それまでは意識されていなかった問題で改めて意識に上り論議されているものが少なからずある。

法学にもそのような動向が明らかに認められる。たとえば、とくにアメリカとイギリスで盛んとなった批判的法学研究あるいは批判法学（critical legal study）の運動や、ヨーロッパから叫ばれてきたポストモダン法学（post-modern jurisprudence）の声などが、その現れである。わが国の学界でも、これらを紹介し、さらにわが国における新しい権利の成立や現代法の変化などを探る動きがある。われわれは、二一世紀に信頼できる法学を用意するために、これらの動向を正確に理解し法学を再構築する必要に迫られている。これは、法学における従来の方法を反省する直接的動向といえよう。

しかし社会の動向としては、そういう直接的動向だけが単独に出てくることはなく、それを生みだす背景を用意した間接的動向もあるものである。法学についてそれにあたるものとして、私は、基礎法学関係諸国際学会の戦後における動向を指摘したい。

まず国際比較法学会が、戦前には無視していた第三世界諸国の法を対象にとりあげるようになり、のちに国際法哲学会は、その事実に基づいて法文化の問題を議論するようになった。国際法社会学会にも、一九七五年の年次会議が日本で開かれた機会に、私ども日本組織委員会が非西欧法の問題をはじめて提案して採択され、このテーマが最近では当学会にほぼ毎年現れるようになった。一九八一年に活動を開始した国際法人類学会は、世界の多元的法体制（legal pluralism）を中心的な問題としている。これらの動向は、従来の法学が信じて疑わなかった常識、つまり、法は近代西欧法が非西欧社会にも移植されて世界に普遍的であるという常識、したがって、近代化を欧米のモデルで研究していれば非西欧諸国の法をも含んで人類普遍の法学になるという常識、これらを揺るがすものである。

2　このような動向は二〇世紀末の今日ようやく切実に自覚されたが、実はこれを予告する事態がそれ以前に二度も起こっていた。二度とも事柄としてはだれもが知りすぎるほど知っていたものだが、それが今日の法学方法論の問題の予兆であったとは明確に自覚されておらず、私自身もそうであったことを悔やみつつ、それだけにその意義を今度こそ誤ることなく確認したいと考える次第である。

まず一つは、第一次大戦後に社会主義法とその法学が成立したことである。これは原理および制度からいって、法と法学のモデルであった近代西欧法と近代法学とに真っ向から対立するものであった。そのため、近代法を金科玉条とした欧米諸国家はこれを世界から排除しようとしたが、社会主義法の勢いは止まるどころか第二次大戦後には世界の半ば近くを占めるまでに至り、そこに両陣営のはげしい争いが生じ、危機的状況が四〇年以上続いた。それが現在は、指導的な社会主義国の崩壊により情勢は一変している。では社会主義法が全滅したかというと、もちろんそうではない。一方では、社会主義国が中国はじめ世界にはまだ多く残っている。それらの社会主義法は一部の近代法とも併存したりして正統的なものではないと見られるかもしれないが、当の国々は社会主義法だと言っている。他方では、資本主義国のいわゆる近代法も、新しい労働法・社会福祉法等を包容することによって社会主義法の制度を実質的に一部取り入れており、これを近代法は自己発展だと見ているが、いわゆる近代法がもはや常識的なものではなくなったことには違いない。

次いでは、戦後、旧植民地の独立により第三世界諸国法が新たに大量に誕生したことである。これらの新興諸国は、当然のこととして以前の宗主国の法を移植して国家法を制定し、それにより国内の諸固有法を統一しようとした。しかしまもなく、それは夢にすぎず事実は期待に反することが明らかになった。固有法が、ほんの一部は国家法に採用されても、大部分はむしろ国家法を排除し非公式法として機能しており、また宗教法はとかく非公式法と理解されているが、イスラームやキリスト教のように実は憲法上公認された公式法であることが多いくらいである。これらの事実は多元的法体制というほかない現象である。そしてそれは基本的には、移植法と固有法との文化の差の問題である。前述した基礎法学関係諸国際学会の動向は、まさに世界におけるこのような法の実態を認識したからこそ起こったのである。

3　この二つの事態が起こった当初には、それらが示唆したことをわれわれはそこまで察知する力がなかった。今われわれが確認すべき事実は、モデルとした近代西欧法がすでに変質していること、および、それが近代西欧文化の所産であって異なる文化の法と対照されるべき相対的なものであること、すなわち古典的な近代法学が批判にさらされていたことである。その故に、現代法学は、世界の法をこの事実のままに認識できるように、転換を求められているわけである。

わが国でも、多くの法学者はこの情況を認識していた。だからこそ、戦後新しい法学ひいて法学会が続々と生まれ、最近一〇年ほどは諸法学会が新しい権利や法律制度を模索してきたわけである。その学界の中にあって、私自身も転換を実現する法学を志して、法社会学そして法人類学へと進んできたが、スポーツ法がこの転換を促進させる一つの要因であることを、今痛感している次第である。その理由を明確にすることが本章の主題である。

二　スポーツ法の特質

1　わが国現行の法学の中にスポーツが法律論上の問題として登場する主な場面は、私の見るところつぎの二つである。一つは、スポーツ中の事故により当事者に危害や損害が発生するようなことがあっても、その相手方に重大な故意・過失がないかぎりその法律的責任が民事・刑事とも免除されることである。このことは、解釈論としては正当行為その他の理論として確立していて疑問をさしはさむ余地はない。他は、事故に過失があったかなかったかの判定、あったとしてそれに基づく責任の程度の判定が難しいことにかかわる。たとえば、スポーツの指導がしごきで権利侵害になるかそれとも正当な訓練か、あるいは引率者や監督者の責任はどこまでか、と例をあげれば難しさが理解されるであろう。解釈論としては、通常の責任論では処理しきれないので問題になるが、判例は、スポーツにおける当事者関係の特殊性を認めることでは一致しているといってよい。

　経験のゆたかなスポーツ法研究者に聴けばほかにもあろうかと思うが、右の二点だけでも、スポーツが特殊な人間関係に基づく特有の文化であるために既成の法律論をそのまま適用はできないことが、明らかに理解できる。これは、スポーツ文化に対する国家法の尊重というより、むしろ「遠慮」である。このような遠慮は、ほかにも刑法上の情状酌量などにあるが、これは個人的事情に基づく。これと異なりスポーツに対する国家法の遠慮は、人間社会に共通する特定の文化活動一般に対するものであるから、その意味は国家法が宗教その他の文化に遠慮するのと対比できるものである。スポーツ文化がそのようなものだとすれば、その法的特質を解明することが法学に求められているはずである。

　2　その特質を改めて数えあげれば、つぎの五点を指摘することができる。

　第一に、法はスポーツに入らずと言われる原則が働いていることである。スポーツには、国家法も特別に尊重している固有の文化的価値があるのであって、この点では、法は宗教にも道徳にも家庭にも入らずと言われるのと同様である。わが国でもスポーツ関係法規が徐々に増加しつつあり、欧米諸国ではそれがはるかに整っているが、それらのスポーツ法規はいずれも、スポーツを享受する人の社会行動を、宗教や道徳や家庭などの場合と同様な方針によりむしろ保護のために規制をしようとするもので、スポーツ精神とスポーツルールそのものに干渉する趣旨のものではない。今述べた原則は生きているのであり、スポーツ法の特質を国家法に対して表明しているのである。

第二に、スポーツ文化における人間像には市民法上の人間像と異なるものがある。スポーツ的人間像が何かというと、法的人間像との関連でいうかぎり、二つの理念型を区別できる。一つは、スポーツにより自己の健康を維持増進しあるいは人間的交流を楽しむ人間であるが、これは市民法上の人格が前提する平均人の範囲に属すといってよいであろうから、ここに特記する必要はない。他の一つが特記すべきもので、二当事者が向いあう闘争形式のスポーツにおいては、相手に対して苦痛を与えてもたがいに攻撃防御をする人間、および複数当事者が横に並ぶ競争形式のスポーツにおいては、自己の苦痛に耐えても相手に優先しようとする人間、そして、いずれにしても目的を達するためには危険を冒しても高度の技術技能を獲得しようと、指導をうけ修練する人間である。したがって、時には相手あるいは自己に危害が生じ、極端な場合には死に至る可能性さえあることを心得ており、そのような事態が自己自身に起こってしまったときにもみずからの責任においてこれを甘受する。この人間像の行動力と責任感は法的平均人の能力の外にある。このことは国家法の明言するところではないが、実は解釈学が、これを容認する法理論を用意しているのである。

それが、第三の当事者関係の特質で、二点に明らかである。まず一方で、スポーツの当事者は自己の行動力を発揮しようとし、観衆と聴衆はそのエスカレーションを興奮して楽しむのであるから、いま述べたように、相手にも自己にもある程度の身体的・心理的な危害・損害が生じうることを、当事者はもちろんすべての関係者が知っている。これは、相互に自由・不可侵でなければならない市民法上の人間関係とは違う。他方で、スポーツにおいて技能を向上させ試合で勝利を占めるためには、当事者自身の練習・訓練が不可欠であり、これを安全かつ効果的に遂行するには適切な指導・教育を欠くことができない。この指導・教育は、家庭・学校あるいは警察・軍隊などにおける他の目的の場合とは明白に異なり、各自に独立・平等であるべき市民法上の人間関係とも違うものである。

スポーツにおける当事者関係のこのような特質を、国家法の解釈学は、右に言及した「正当行為」のほか、「危険の引受」、「自己責任」、「事前の同意」、「信頼の原則」等の法理論として認めている。ただそれらの法理論は、スポーツ以外の人間関係にも適用される一般的なものであるから、スポーツに特殊な当事者関係の特質を的確に把握するものではない。これを正確に把握するにはスポーツに固有の要因を顧慮しなければならない。

その要因を包蔵するものが、第四の特質と指摘したいスポーツ固有法である。スポーツ法という場合、法律学では通常スポーツに関する法規の体系、つまり、スポーツ国家法を意味するが、人のスポーツ行動を実際に規制する法は、国家法から尊重・遠慮されるスポーツ固有法である。その核心はどのスポーツも備えている詳細なルールであるが、主要な近代スポーツにおけるその整備ぶりと実効性は、教会法やイスラーム法に代表される宗教法に匹敵するほどである。しかも、人類社会は国家法がないとしても最低限度必要な秩序を社会の固有法で維持することが可能であるのに対して、あるスポーツにスポーツルールがないとすればそのスポーツ自体が存立できないという事情を考えると、スポーツルールの人間社会に対する法としての意義は国家法以上といってもよい面がある。国家法のスポーツに対する遠慮の真の理由は、このスポーツ固有法を尊重することにあるというべきではないだろうか。

最後の第五は、戦後にはスポーツ界に大きな変化が生じ、それが国家法に新しい問題を投げかけていることである。欧米諸国では、スポーツ自体の普及が、同時にプロ化の進展と営利主義、さらに放送・放映の発展を促し、この商業化の急速な進行が、選手の労働や人権、団体規制や税制、さらに環境や犯罪などさまざまの問題を噴出させた。そこで国家法も、立ち入らない原則を守りつつも、ある程度の規制に踏み出さざるをえなくなった。わが国の現状はそれほどではないように見えるが、安心はできない。その趨勢は着々と迫りつつある。要するに、国家法が関与できる範囲とできない限界との問題を、現代スポーツ文化が法学に突きつけたわけであって、これはスポーツ法の状況的特質といえる。

3　スポーツ法といわれるものが以上に指摘した特質を持つならば、これを特殊な法学として研究する価値が充分あるはずである。そこにスポーツ法学が法学の一分野としてなければならない存在意義がある。ではその研究対象であるスポーツ法の体系はどうかを——前の言及と一部重複するが——一応描きだしておきたい。

まず当然のこととして、スポーツ国家法がある。これは現代法学の解釈学的方法論による研究が可能かつ必要な対象で、事故責任の法律問題および関係法規の体系化問題としては、すでに民法・刑法および公法の領域で論じられている。しかし諸外国の実態がいかに複雑多様であるか（第1章参照）を見ると、それらだけに任せておくのではなく、税法・労働法・経済法・環境法その他法分野の総力をあげて対処すべき課題だといわなければならない。

しかし国家法の理論だけでは対処できない問題があった。その理由がスポーツ固有法に基づくものである。スポーツ固有法の基礎をなすのが、スポーツ文化に特有の目的を表現するスポーツ法理念であるが、具体的な規定はスポーツルールによってなされている。このスポーツルールは類別することができる。たとえば、各種のスポーツに参加する当事者・審判人その他関係者の、条件・責務・権能等を規定する資格規定、競技ないし試合を開始しその中で当事者の行動様式を定めこれを終了に導く進行規則、そして資格規定と進行規則との違反に適用される制裁手続、などである。それらと並んでスポーツ団体協約もある。スポーツとくにその行事は組織的な団体がなければ実行できないのであるから、その健全な発達と適正な運営が条件になり、したがってそれらの内部規制・相互関係・国家的規制などを合目的に調整しておく必要がある。

スポーツ固有法として問題になるものはそれらだけではない。たとえば、スポーツ国際法もある。いうまでもなく多くのスポーツは国際的で、共通ルールによるばかりでなく諸団体の国際協定を通じて共同の行事を行っているのであるから、その意味の国際法があるわけである。他方、各民族には固有の伝統スポーツがあるもので、それらはそれぞれ特有の伝統スポーツ法により成り立っているが、伝統スポーツといっても、日本の柔道やアメリカのバスケットボールなどのように外国に移植されて国際化するものもある。したがってスポーツ法は正統の国際法とは異った意味においてだが国際法なのでもある。囲碁・将棋・チェスなどのような室内競技がスポーツであるか否かは議論のあるところだが、それらのルールと団体規約が典型的スポーツの場合と類似する性質であることは確かであるから、スポーツ固有法の研究のために無視することができないであろう。

三　現代スポーツ法学の使命

1　スポーツ法に、以上略述した特質と体系があるとすれば、法学としてこれを研究してその全体像と特有の理論を明らかにすることは、可能であることはもちろん必要に違いないと、私は確信している。ではスポーツ法学はどういう内容か、その全体図をここで簡単に描いておくことにしよう。

第一には、スポーツ国家法について、法解釈学がその方法をもって、しかし一層広くかつ深く研究を進めることである。ということは、すでに実績をあげている事故責任と関係法令体系化の研究をなお進めるとともに、新しい問題を開拓することが要請されている。さきに言及したように、諸外国ですでに問題となっている、アマとプロとにまたがるプライバシー・差別・人権・契約等、賞金・報償金・税金等、放送・放映・著作権等、スポーツ団体の会員規制・フランチャイズ・独占等、スポーツの行事と施設造成との環境問題等、その他犯罪・薬物・国際交流等々にさまざまの問題があるとすれば、法解釈学がまさに総力をあげて取り組むべき課題である。

それればかりではない。それらの新たな問題に対処するには適切な法令や条例を今後整備する必要があるから、立法学にも出馬してもらわねばならない。またそれらのスポーツ諸法は、事件のあとで権利義務を判定する基準を示せばすむものではなく、むしろ進行過程で適切に行動を規律し、生じうる事故の防止にも役立たなければならないから、そのことを関係者に徹底させる教育・指導を欠くことができず、したがってそれに奉仕する予防法学ないしいわば応用法学もなければならないであろう。

そこでスポーツ固有法に関する正確な知識が前提となり、その研究を狙うものとして、法社会学が要請される。法社会学は「生ける法」の発見から出発したので、現代社会に最も普及している生ける法であるスポーツ固有法を放置しておくことができないはずである。その上、法社会学もやはり転換期にあるので、スポーツ固有法の研究がその新しい発展をはかるためにも絶好の契機だと、私は考えている。しかもその理論的研究は、スポーツが対争および競争の形の紛争を意図的にコントロールして特殊的に制度化したものであることに注目すれば、紛争理論ないし紛争処理理論にも貢献するに違いない（紛争理論については、千葉一九八〇とくに四五―五〇頁参照）。

同時に、スポーツ固有法には文化性がともなうので、文化の学問である法人類学にもまた出番が求められる。スポーツ文化は、国家法にもその通常の権力的規制を遠慮させるほどの特殊性と、同時に一般性を持っている。他方で、諸民族の固有文化は、民族ごとの伝統スポーツを発達させるとともに、異文化のスポーツを移植する際には、野球が日本とアメリカとで異なるように民族性を発揮させることが知られている。また現代スポーツは集団シンボリズムの著しい例である。それらの骨格であるスポーツ固有法は、法文化の一環を成すはずである。

そうなると法哲学にもかかわってくる。スポーツ法学は、法学の対象と方法を転換させる契機であるから、そもそも法とは何ぞやを問うものである。また法学の方法に基礎的な疑問を呈するものでもある。そうであるならば、法哲学がこれに責任を感じないはずがないと思うからである。

しかし以上の諸法学がいかに活動しようとしても、その前にデータがなければ不可能である。この点で、スポーツ法学はデータの提出とその正確な理解を求めて、他の関係諸科学、わけても体育学・スポーツ社会学・スポーツ人類学・スポーツ医学、その他スポーツ諸科学の協力を要請している。しかもこれら諸科学の協力は、他面で応用スポーツ法学の効果的な発展のために不可欠である。

2　最後に、スポーツ法学がそのように成立するとすれば、冒頭に指摘した法学転換の課題のためにいかに貢献するかにつき、私見を述べておきたい。

スポーツ法学が以上に述べた性質と内容を持つならば、伝統的な近代法学を批判するまさにポストモダン法学の一翼を担うものにほかならない。その理由を要約すると、第一に、スポーツ法の前提とする人間像および人間関係は、近代法の予定する自由・平等・独立・不可侵の個人およびその相互関係とは異なる、生きた人間関係の一面だからである。第二は、近代法が法の外に排除した社会的現実とくに文化を呼び戻して、法の要因に包容するからである。いずれにしても、西欧文化の知恵が生み出した近代西欧法の普遍的成果を尊重してこれに基づきつつも、固有の西欧文化的特殊性がそこになお底流している点ではこれを批判し、それと相対的に独立である他の特殊的文化の存在を主張するものだからである。

そう理解すると、スポーツ法学は、二一世紀を迎えて転換しつつある現代法学のその転換をまざまざと示す、したがって転換の方向を促進させることも期待される新たな法学であるに違いない。もちろんスポーツ法学が私の描いたものだけには限られないであろうし、また、現代法学に望まれる転換は、スポーツ法学だけでなく他分野の法学も模索している多くの試みと協同しなければできないであろう。

補注

本章は、もとは一九九二年一二月一九日に行なわれた日本スポーツ法学会設立記念集会のシンポジウムにおける基調報告で、後に『法律時報』六五巻五号の特集「スポーツ法学」中に掲載されたもの（千葉一九九三）である。他の基調報告は伊藤堯の「スポーツ基本法」で、提言は、事故と責任、プロスポーツ、スポーツと民法、スポーツルール、スポーツ権、スポーツ法学への期待、についてなされた（特集「スポーツ法学」一九九三参照）。

第3章　スポーツの法社会学と法人類学

スポーツ法には大別して国家法と固有法とがあるが、スポーツの本質を組織するのは後者で、前者はこれを外部から保護育成する後見役である。スポーツ固有法は、社会に通用する「生ける法」の一例であるから、先ず第一次的にはこれを専管する法社会学の対象となる。法社会学は、わが国で現在一般には対象の範囲が限定されて国家法あるいは慣行法の社会的実態の研究を主目的としているが、これを広く拡張すれば世界の各地に実在する生ける法ひいては法文化一般にも及ぶから、第二次的には文化を専管する法人類学とも対象を共有することになる。事実、わが国でもスポーツ人類学がすでに発達しはじめているから、これをスポーツ法人類学に拡張することは目前にある。スポーツ法社会学とスポーツ法人類学とは、隣接しつつも異なった方法でスポーツ法を研究対象として共有する科学である。このことはまだ現実というよりも待望の段階にとどまるが、それだけにその待望の内容を一端でも提示しておくことが本章の目的である。

一　スポーツ法社会学

1　スポーツの法社会学はなぜ可能か、また必要か。

その意義を要約すれば以下のように言うことができよう。

第一に、日本の現代社会で、スポーツが国民一人一人の人生ひいては国民生活の全般にも大きな影響力を持ち、またスポーツ法に関しては現実に国家の法令や自治体の例規があるにもかかわらず、日本の法学がその意義に対して明確な認識を持たず、欧米諸国がこれを現代法の課題ととらえて新しいスポーツ法学を発展させている（第1章参照）のに比べると、時代の趨向に無関心だと言われても反論できない状況である。その結果、現行スポーツ国家法の明らかな不備欠陥を補正し必要な整備をしようと言う声も、まだ表だっては聞えてこない状態である（日本スポーツ法学会がスポーツ基本法制定を提案する（付録参照）のはこれを補正しようとする第一歩である）。法学が事件の後追いだけでなく、社会の現実の新しい展開を敏速かつ正確に察知してその中から社会の果たすべき役割を提示することは、その重要な任務であるはずであり、わけても法社会学の一使命である。

第二に、スポーツに関する法学としては体育法学がすでに成立して実績を挙げているけれども、法学界全体の中ではその一分野と認められるには至っていない。その取り扱うテーマは、民事と刑事の法律的責任論およびスポーツ振興を中心とする行政法論とにほぼ限られている。その実績は尊重すべきであるが、環境が整わず孤軍奮闘の声をかすかに挙げている程度にとどまる。これは、法学伝統の解釈学の立場に立つ以上は当然とも見られる結果であろう。しかし法社会学はこれに新しい手法を示唆してテーマを拡大し、スポーツ法学の地位を高めて不動のものにすると期待される。

第三に、スポーツ法には、現代法学が唯一の法と前提する国家法と並んで、と言うよりはそれとは別にスポーツ固有法、すなわちスポーツ各種目の存在を実際に可能とするさまざまのルール類と、スポーツ行事を組織・主催する団体協約類と、これらの二種を基礎づける理念とがある。その総合体が、法社会学が本領とする社会の「生ける法」を形成するから、近来は国家法の実態に重点を注ぎ生ける法への関心を薄めている観のある法社会学にとっては、能力発揮に格好の好材料であるはずである。その上、スポーツ固有法の中でも国際的な近代スポーツのそれは、現代の人類社会において最も顕著な非公式の移植法であるから、人類史における法移植の一代表例を成し、近代西欧法の世界的移植と比較して考察することもできる有意義な材料である。

第四に、法社会学界では、紛争処理手段研究が一特殊テーマとしてすでに確立しているが、そもそもスポーツは人間社会の本質に属する紛争の性質の解明ひいてはその処理方策の一層の整備のために重要な貢献をなすという期待が持たれる。社会は紛争処理を制度化するために裁判制度を発展させたが、これは紛争を解決すると言われるが実は国家法のもとに「規制された紛争」を公式に行わせる制度にほかならない。他方スポーツ法はスポーツ固有法という非公式法により完全に「規制された紛争」

の制度である（詳しくは第6、7章を参照）。法社会学が、この点において、スポーツを通じて社会理論としての紛争理論に貢献できると私は期待する。

第五に、スポーツの法社会学は、社会的要因としてのスポーツを対象とするが、その視野は狭い意味の社会現象だけではなく、これに不可分に随伴する文化的要因にも及ぶ。そしてこの問題こそ、近代を主導した西欧法に対して非西欧法の固有性が異文化として正面から対照される現代では、法社会学に緊急の課題を成すはずである。

2　スポーツは、第一次的には身体運動を楽しみつつ同志と競争することを基本的目的とするが、事の性質から身体に傷害を受ける可能性そして極端な場合には死に至るほどの危険性があるから、それらの事故が起こらないように予防の対策を講ずる必要がある。関係者はこれを痛感して願望するにもかかわらず、実際には事故が不可避的に発生し、法律上の責任問題をも惹起せざるをえない。その多くは、当事者間の了承か和解の形で処理されるが、しかし相当多数は紛争に展開し、ひいては民事・刑事の裁判問題にまで発展することがある。かくしてスポーツ事故判例が蓄積され、一部の学者にその法解釈学的研究を促進させた。また、事故は学校教育の中でも生ずるから、そのさいには教育法の問題とも受け取られ、あるいは現行のスポーツ振興法を中心としてスポーツ行政に注目するとスポーツ行政法も問題となった。わが国で体育法学が叫ばれるようになったのはこうした事情による。

法学界はそれらにまったく無関心だったのではなく、ある程度の関心を払い上記の程度には研究成果も残した。とくに事故責任については、正当行為、信頼の原則、事前の同意あるいは危険の引受などの法理による違法性阻却が法解釈学でほぼ確立するに至っている。私はその結果を外から眺めるだけで法理論としてこれを批判する能力はないけれども、それで法律論として十分かと問いかえしてみると、そこになお論理の間隙があるように思われる。たとえば、それらの理論は特定の当事者の間の具体的な関係を解釈するはずのものであるのに、その多様な事実関係の態様が体系化されてはいない。指導者と選手、教師と生徒、管理者と利用者、ボランティアと有志参加者等々の当事者関係には類型が幾つもあり、まして個人心理の機微にもわたる両当事者の相互関係は、まだ正確に整理分類されてはいない。しばしば問題として現われる訓練が過度となって体罰やしごきに化するのは、当事者がどういう関係にあってどういう条件のもとであるかについても公知の明確さを欠いている。学校教育における体育は公定のスポーツルールを固守するだけでなく一部を青少年むけに改変するものだが、その基準も公知ではない。最近のスポーツ行政法が人権論にまで言及してスポーツの国民的普及を目ざしているが、その根拠となるべきスポーツとスポーツ法の社会的実態の正確な把握には及んでいない。だが、方法が伝統の法解釈学ではそれもやむをえないので、これらを社会の事実に即して解明することに、法社会学が担当すべき余地むしろ使命がある。

　その上に、わが国の法学はまだその対象に取り入れてはいないが、実は法解釈学による法的処理を待つ実際問題が社会にすでに少なからず現れている、そして欧米諸国ではすでに法学の問題としてスポーツ法学を発達させている問題や事件がさまざまにある。プロスポーツにおける契約や移籍あるいは税金、アマスポーツにおける報酬・奨励金・賞金等、スポーツ選手の大学入学や就職にともなう特例措置、スポーツ参加者の健康と人権の保障、外国籍の者の参加、スポーツ選手に対する薬物や犯罪などへの誘惑、スポーツ団体の内部運営にかかわる不明朗事、競技場の建設と運営が引き起こす環境問題、放送・放映をもまきこんだ商業化の進展がもたらす社会問題等々がマスコミを賑わせている。わが国の法学ではまだ問題視されることが少ないが、プロスポーツと独占禁止法との関係、あるいは国籍等による差別、国際関係にかかわる事件等々も近いうちにわが国の法学に対処を迫ることになるであろう。法解釈学がそれらの諸問題の性質を正確に把握しこれに適切に対処するには、法社会学の協力が不可欠である。

3　法社会学は、スポーツ国家法の研究によって法解釈学のためにも重要な役割を持つが、その本領は、固有の任務すなわち非公式法だがスポーツにとっては本質的属性を成すスポーツ固有法の研究である。スポーツ固有法はスポーツルール・スポーツ団体協約・スポーツ法理念に三大別される（第4章七五―七六頁ほか）が、その実態は多様であるから、まずはその全貌を適切に分類して認識し、ついでそれぞれの法規範としての性質の特徴を確認して体系化をはかり、そしてこれをスポーツ国家法と対照して相互の関係を解明することが求められる。

そこで最も大事なことは、スポーツとスポーツ固有法とは概念上は別であるが実体では不可分に同時存在するものだから、この両語の用法には注意が必要なことである。法解釈学は、対象を法に限るからスポーツ法を把握することはあっても、スポーツそのものは法解釈学の直接の対象にはならない。法社会学も、スポーツ法を対象とするかぎりは同様と言ってもよいが、固有法を重視する点と法の社会理論を求める点では、スポーツそのものの社会理論をも視野に入れることによって法解釈学とは異なる観察をする。法人類学は、固有法を重視する点では法社会学と同様であるが法の文化理論を求めるので、スポーツを文化活動として観察する点で、それとも異なる。この理解にしたがってスポーツ固有法の全体像を以下に提示するのだが、他には類例がないのでここでただちに決定的な考察は困難である。先に列挙したスポーツ関係規則類（本書第1章二六―二七頁、第2章四二頁）を整理し直したのがこれである。ただしさらに一層の補正を有志に願うものである。

(1)　スポーツ資格規則

スポーツに参加するには一定の資格が必要であるが、参加者の類型の相違によって五つに大別される。一はプレイヤーが特定の種目のスポーツを実行するための技術と条件を定めるプレイ実行資格、二は競技や大会等主催者が定めるプレイヤーの行事参加資格、三はプレイの進行と審判を務める審判やレフェリー等として適格な審判資格、四は競技や大会等の運営を担当する者の係員資格、以上の必須の規則とは性質も整備度も異なる五に観衆資格もある（サッカーの暴動ファンを言うフーリガンの規制はその例）。これら多様な形態におけるスポーツ参加者の実態を正確に観察しそこに働く規則類を整理体系化することが、スポーツ法社会学の一課題となる。

(2)　スポーツ進行規則

各スポーツのプレイの開始から終了まで進行を統制し、プレイヤーを主とするがその他の関係者にも一定の権利・義務を規定する規則類である。各種目に特有の攻撃・防御あるいは競争の条件・方法を精細に規定するものが中心であるが、プレイの進行に必要な規則はそのほかにもある。審判人の権限、各関係者の服装や用具、また施設や会場、などについても規則は設けられる。ここで特記したいのは、いわゆる競技ルールは、単なる直線的進行を予定することがなく、進行中にはルール違反が頻発することを前提し、違反が起こるたびに審判がその場でこれをただちに反則と判定して是正の措置を講じ、結果的に違反行為を正常な進行過程に還元する、いわば「反則ルール」をも含んでいることである。ここに国家法ともまた他の宗教法や部族法その他の非公式法とも異なるスポーツ固有法の特徴がある。そのような進行規則を種目の相違によって比較し全体の性質を解明できれば、スポーツ固有法理論の樹立に資するに違いない。

(3)　スポーツ整序規則

前記二種の規則類によって規定された関係者の資格と権利・義務には、違反が発生することを免れない。違反行為のうちには反則ルールの適用によってその場で正常化することができない難問も多い上に、事後にプレイヤーその他の関係者によって提起される抗議も種々の形で起こらざるをえず、そこで紛争が生ずる。これらの紛争を処理するには、事を正確に審査して当否を判定し場合によっては制裁を課すことも必要で、これを処理するための制度が規則で明定される。そこで抗議類の提出者の資格・条件と提出手続、審査と判定の担当者と方式、制裁の種類・実施方法等々を規定する「審査ルール」と「制裁ルール」が生まれる。いずれもスポーツ手続法と言ってもよいもので、事後処理のためにある。だが事後処理と言えば実は制裁と並んで報賞もあり、これもまたルールに従って実行されるので、私は制裁と報賞とに関するルールをまとめてスポーツ整序規則と名づけることにしたい。概して言うと、整序規則はどのスポーツ固有法にもあるのではあるが、その整備の程度は種目とその管理団体とによって大きな差があるので、これを国家法の行き届いた手続法と比べて法というに足りるほど整備するよう促すことが、スポーツ法学の一つの目標であろう。

(4)　スポーツ環境規則

スポーツと環境との関係は、法学界ではまだ一テーマとして成立してはいないが、問題は実際に発生している。たとえば、ゴルフ場その他スポーツ施設の建設にともなう紛争、競技当日競技場周辺の混雑と騒音、登山者やハイカーの山荒し、マリンスポーツと漁業との衝突、飛行スポーツと農林業との衝突等、マスコミの報ずるとおりである。この種の問題は今後急速に拡大すると予想されるので、これに前もって対処する規則を整備するスポーツ法学の発展が期待される。

(5)　伝統スポーツの規則

冒頭で言ったように、伝統スポーツとその固有法も法社会学の一重要テーマなのだが、これは次節の法人類学に譲る。

⑹　スポーツ国際法

法学は国家間の正式の条約を国際法の典型とするために、原則として立ち入らないでいたスポーツに対しては国際公法も国際私法もスポーツ国際法を顧慮する余地がなかった。しかし、現代世界に疑いなく大きな影響を及ぼすスポーツの国際的交流を知れば、これを可能にするのが各国スポーツ団体相互間の国際的協約すなわち一種の国際法であって、その大部分は国際私法的であるが、オリンピック憲章ともなると国際公法的でもあることが、また疑いないところである。ここに、国際スポーツを効果的に実施するとともに、障害や紛争を適切に予防し処理するために、スポーツ国際法を法学として発展させる意義がある（とくに第4章付節を参照）。

⑺　スポーツ団体協約

各種目のスポーツそれぞれの関係者が結成する団体の組織・運営を定める規則類が、スポーツ団体協約である。小規模なものはインフォーマルで一時的なものをも含むが、法学が取り扱うのに有意義なものは、関係スポーツを効果的に統制するほどの管轄権を与えられた団体すなわち管理団体の規則である。それらの形態も多様で、とくに同種のスポーツに関する単位団体は相互に協定を結んで縦と横に提携して連合体を形成し、大規模なものは全国組織に及び、さらに全国組織は国際協定にも参加することが多い。これらの諸団体の組織と運営に関する協約類が法社会学の課題となる。

以上の七種がスポーツに働く規則類であるが、これらは再分類が可能である。すなわち、資格規則中の実行資格と審判資格とに関する規則、および進行規則と整序規則、さらに一部の環境規則は、すべて個々のスポーツを円満に実行するため直接に必要とされる規則だから、私はこれらをスポーツルールと言うことにしている。残ったもののうち資格規則中の行事参加・係員・観衆の三資格に関する規則は、スポーツ団体がその規則および協定の中でスポーツ行事を管理するために定立あるいは採用するものだから、それらすべてを合わせてスポーツ団体協約と言うことができる(スポーツ国際法はやや性質を異にするがその一例だと言える)。そしてこの二類型の全体にまたがるものとしてスポーツ法理念がある(これについては本書第6、8章を参照)。この三類型の法が、近代スポーツにはもとより伝統スポーツにも備わっていてスポーツ固有法の下位分類を成すことになる。

二　スポーツ法人類学

1

スポーツ法人類学は、人類学としてはスポーツをスポーツ法とくにスポーツルールの働く人類文化の一形態と見て研究する学問、そして法学としてはスポーツを構成する全要因の中からスポーツ法の文化的特質を対象にする学問、ということになろう。しかし法人類学は、常識における法がその人間像を原子的個人に限り法学はその社会性と文化性を捨象するのに対し、スポーツが際立つ種類の文化活動であることにより、スポーツ法の持つ人間性と文化性にも注目するから、スポーツをスポーツ法と不可分一体のままに考察しなければならない。

もっとも学界の現実では、特殊的なスポーツ法人類学よりも一般的なスポーツ人類学が先行していて、アメリカではすでに一勢力を成しておりその成果が日本にも紹介されている（ブランチャード＝チェスカ一九八八）。わが国でも、スポーツ法人類学と言ってよい研究が一部はスポーツ法にも着目して展開しはじめており、寒川恒夫、稲垣正浩、中村敏雄等の先駆的業績（巻末の文献一覧を参照）がある。ただし、それらは当然ながら、伝統スポーツの民族性、あるいは近代スポーツにおけるルールの特殊性を主眼としていて、概してスポーツとスポーツ法の文化性を正面から追求するものではない。本節は、この点を主眼として一見解を提示するものである。

文化についてはは、その研究の本来の担い手である人類学の専門家の間で実態と概念の双方に緻密な議論が蓄積されているが、ここではそれを渉猟する余裕がないので、人間の全文化活動のうちに占めるスポーツの特殊的意味を確認しておくことですませるほかない。文化の性質を一般的に言えば、個々の人間活動と社会生活全般に随伴する属性であって、その現実形態を特徴によって大別すると、観念・価値・信仰・象徴・規範・技術等の諸体系、思考・行動・芸術・科学・生産・衣食住等の諸様式、家族・集団・教育・経済・政治・法等の諸制度、等々の諸形象に現われる。文化の研究は、それらの個々の面について、しかも古今東西世界の各地で異なった生活を営む人間集団ごとに可能であるから、その内容ないし体系は無限に多様に別れる。これを観察する観点も、目的によって幾様にも異なって可能である。このような事情によって、文化論は、実態も概念も多様に異なる形で展開されている。

スポーツも、そういう文化の、形態としては一特殊であるが、現代世界の人類に普及している程度においてそして人の心を駆り立てる動力源としては最も顕著なものであるにもかかわらず、その文化性についてはは研究がほとんどなされていなかった種類のものである。私の観察は未熟であるが、論議を誘発するのに役立てば幸いという気持ちで言うと、以下のようになる。

まず留意されるのは、スポーツと概念される文化には歴史上大きな変遷があったことである。専門家によると、古代では、神をまつる祭典の行事か戦闘の模擬訓練かが主であったが、中世には、騎士の鍛練あるいは狩猟のゲームとして展開した。近代になると、競馬が人の競走を誘発し、人間の競争は各種の競技および体操・体育を発達させた。二〇世紀になると、オリンピックに象徴されるように各種競技の近代化と国際化といわれる動向が進みそれに応じて競争が激しくなり、このように高度の技術を競う近代スポーツがスポーツのすべてであるかのように解される状況にさえ至った。

しかしスポーツにはほかの種類もある。独裁主義を追放し国家主義を緩和して人権と民主主義を確立しようという戦後世界の志向は、ユネスコ憲章の形で特殊な能力者や階層にとらわれずだれもがスポーツを享受できるように「みんなのスポーツ」を唱導した(第4章付節を参照)。同時に反面では、諸国の諸民族には地域や部族ごとに固有スポーツの伝承されていることが、伝承文化の一環である伝統スポーツとして注目された。それにも、日本の蹴鞠のように当該社会だけの狭い範囲に限られているもの、剣道のように他文化の社会にも相当数の同好者を持つもの、柔道のように規則を一部変更して他文化に容易に普及され国際化の進むもの等いろいろの変型が生まれている。伝統スポーツもそのように伝播して移植スポーツとなることがあるとすると、現在世界に普遍的に普及している近代スポーツも元はどこかの伝統スポーツであったことが容易に推察できるし、他面では、日本で軟式テニスが生まれたり野球がアメリカと違う日本流になったり、あるいは伝播されたサッカーがブラジルやアルゼンチンの国技になったりするような例もあるので、これらはおよそ文化一般の伝承と伝播さらに同化の好例を成すことがわかる。そのスポーツにはすべてスポーツ法が伴っている以上は、スポーツにおけるその現象は同時に法の伝播と移植の実例でもあるはずである。

スポーツがそのように多様な形をとっているとすれば、その文化的特質を抽出するのは容易ではないが、競技スポーツがスポーツの一典型であることは間違いないから、これについては指摘できることがある。競技の性質は、顕在的には技能を競争する身体運動として現われるが、潜在する要因もいくつかある。まず、技能の向上と記録の向上を目ざす長く苦しい練習とそれに耐える精神力の自己練磨がある。ゆえに、競争は表面では相手を敵とするが実は記録と自己との闘いでもある。相手もまた同じだから、二者が対向して勝利を争うにせよ複数者が並行して優先を競うにせよ、競技は形は敵と自己との対決ではあるが実は両者の共同行為である。共同はまた、チーム競技ではチーム内に至上命令として働くので、スポーツの本質的要件として潜在的諸要因を成す。これらの潜在的要因があるからこそ、スポーツにおいてプレイヤー本人は一面では勝利を目的とはするが、他面では勝敗を超越して努力の達成感と充実感とに満足できるし、これを観る観衆も聞く聴衆もプレイヤーのダイナミックな行動美と自己練磨の心を人間性の一象徴と観て感動する。

登山やハンググライダーなど非競技スポーツと言われるものには、以上諸要因のうち相手との競争と共同プレイと観衆の感動が一見では欠けているようにみえるが、実際には技能向上とか記録成就とか達成を期する潜在的な目標すなわち見えない敵があり、その点ではやはり自他の競争の性質を内在させており、またその行動と記録も観衆を感動させる以上、それらの諸要因をやはり具えていることに変わりがない。そしてそのための自己練磨も競技スポーツと共通する。それらとは別に、目標はそのような高度でなくむしろ健康や身体能力の維持増進、身体運動による気分の転換や快適さ、あるいは仲間との交流・楽しみなどを目的とするスポーツ、さらに健康スポーツと言われるものもあるが、それらでも性質と程度はやや違うがやはり自他の競争と自己練磨の努力がある程度はある。こうしてみるとスポーツの本質は、運動能力の向上を目ざして競争する自己練磨にあるので、勝敗や記録あるいはプレイヤー本人の充実感や観衆の感動は、効果的なその誘因ないし結果として伴うその属性と言うべきであろう。これが、人間文化としてのスポーツの特質である。

2　どのスポーツもそれぞれ特有のスポーツルールを持つことによってはじめてスポーツたりうる

のであるから、上に述べたスポーツの本質ないし属性は、実はそのままスポーツ固有法の文化的本質ないし属性を成すことになる。これが、スポーツ法人類学におけるスポーツ固有法の性質として私が強調したい点である。だとすれば、次には、スポーツがその全要因をもって果たす社会＝文化的機能のうちで一要因を成すスポーツ固有法の特殊的機能を確認することが求められよう。それを以下に述べるが、その前に留保を一つ記しておきたい。スポーツ法の社会＝文化的機能と言えばスポーツ国家法もまたその作用因を成すので、その考察も同時に伴なわなければならないことである。とくに、本来はスポーツに介入しないはずであった国家法が近年介入せざるをえなくなったのは、スポーツに起因する反社会的事件が、国家法が保障の任を担当する市民社会のルールを危うくするほど一般化するようになったからである。しかしこの点の考察については、他の国家法を専門とする有志に譲っておく。

人がスポーツを享受するとは、行動様式としては、プレイヤーが競争と自己練磨を目的としてスポーツルールを厳格に順守する行動をとること、そして観衆・ファンがその象徴的意味に感動することである。これらの行動様式からは、スポーツ固有法の推進するスポーツの特質がいくつかの面で看取される。プレイヤーの、チームおよび相手との真剣な共同行為は一般社会に不可欠な共同精神のモデルをなし、その健康で有能な身体と自己練磨の精神力は市民一般としては望ましい人間像を明示し、その順法精神は厳正かつ自主的で法治国の国民としては模範的である。いずれにしても、法一般が期待する社会構成員として健全な資質を奨励するものにほかならない。プレイヤーよりはるかに多数の観衆・ファンは、望んでも達せられない自分の夢と人間行動の理想像との象徴としてスポーツに感動し、実は自分の生きる力をみずから鼓舞し、ひいて社会的活動の活性化を促進する。その上、スポーツ固有法が規定する行動様式は、望まないにもかかわらず社会には不可避的に発生する紛争をコントロールして無害化する儀礼的行動の顕著な一例である（詳しくは本書第6章参照）から、社会全体の秩序維持に大きく貢献している。

プレイヤーがスポーツルールに従って行動することは、以上のように法が果たす社会的機能にさまざまな形で参与しているが、もう一点重視すべき面がある。それはその順守行動の主体的意義である。プレイヤーは、単にルールだから守るという消極性ではなく、反対に違反すれすれの行為を尽くしてもルールを最大限に活用しようとする積極性で行動するので、これは法の規制を受けつつもこれを自己実現の契機に転化するという民主的人間のモデルを成す。スポーツ固有法は、人間の法に対する主体的対応を動機づける要因なのである。

スポーツ固有法の倫理的意義がここにある。これを、スポーツルールとスポーツ団体協約とスポーツ法理念の三種の下位体系が分担して実現するのである。

補注

本章は千葉一九九二ａと千葉一九九七ａとの合成である。各初出論文の骨格を維持したが全文を書き直す結果になった。

第4章　スポーツ法学概説

はじめに

スポーツ法学は、スポーツ法すなわちスポーツに関する法の学問である。と言えば、スポーツ法学の言葉の意味は明瞭であろうが、ではその実体は何かと問うと、たちまち疑問が湧きでてくるであろう。第一、スポーツは体育や競技あるいはコンテストやレクリエーション等と、どこが同じでどこが違うのか。また、スポーツに関する法と言っても普通の六法全書には一つも出ていないではないか。さらに、体育法学という声は聞いているがスポーツ法学という科目が法学の中にあるとは初耳である、等々。

これらの疑問から簡単に結論すると、スポーツ法学そのものが疑わしいことになるであろう。だがそれは過去の常識にとらわれているからで、今やスポーツ法学は欧米諸国で急速に発達しつつあり、日本でもその講義を開く大学が出始め、専門的研究を進めるために全国学会も結成された。本章の初出本（千葉＝濱野一九九五）はこの現状を総括して将来を展望するために編集されたスポーツ法学のテキストであり、本章はまず前記の疑問に答えてスポーツ法学の基礎付けをしようとするものである。

一　スポーツ――スポーツ法の対象

1　スポーツ概念の問題

上述の理由により、スポーツ法学の最初の前提はスポーツ概念を正確に規定することである。これについては、スポーツ研究の第一の担当分野である体育学ないしスポーツ科学で、体育をはじめ運動・競技その他の類語との異同論がいろいろなされているが、見解は必ずしも一致しているとは言えないし、スポーツ医学・スポーツ社会学・スポーツ人類学その他の諸分野でも、また、それぞれニュアンスの異なるスポーツ概念が用いられている。ではスポーツ法学はそのうちのどのスポーツ概念を採用すればよいか。

そこでスポーツの語について日本の実例を挙げてみると、多彩である。例えば、学校スポーツと社会人スポーツ、アマチュアスポーツとプロスポーツ、競技スポーツと非競技スポーツあるいはニュースポーツ、またはチャンピオンスポーツと市民スポーツ・健康スポーツ等々の用法を見ると、いかにもスポーツらしく個人かチームが勝敗を争う競争から、個人が自分自身の健康的な生き方を楽しむレクリエーションやレジャー活動の類にまで、各種の身体運動に広く及んでいる。それればかりでなく、少数の仲間や団体のメンバーから広く地域の住民あるいは社会団体のメンバーが、勝敗よりも共同のイベントを楽しむ集団ゲームや表演もある。

他方、囲碁・将棋・かるた・マージャン・トランプ等々の類は室内スポーツとも言われて勝敗を争い、歌舞・書画・生け花・身体美等もコンテストとなると優劣を争い、いずれも身体運動ではないが競争である点ではスポーツと共通する。

以上のように多彩な学説・実例を頭におくと、定義をする前にスポーツをスポーツたらしめる本質的要因をまず確認する必要がある。それにも多くの学説があるが、私はアメリカのR・D・マンデルが言う三要因説を採用したい。一は特定の身体行動による競争、二はそれを規制する一定の規則、そして三に実現をめざす特殊な象徴的様式である（Mandell 1984）。しかし、個々のスポーツを検討してみると、どのスポーツもこの三要因のすべてを一様にしかも明確に備えているわけではなく、むしろスポーツの種類によって各要因の比重が異なることがわかる。つまり、この三要因は個々のスポーツごとに濃淡の違いを示す。ではそれをどう理解し限定したらスポーツの定義が可能か。

2　スポーツの定義――文化として

およそ学問は、取り扱う事項、特に主要な対象については厳密な概念を定義して出発しなければならないから、一つの事項には一つの定義しか与えない。だが同時に、一つの事実を観察する観点ひいて学問には複数が成立するから、一つの事実にも学問の分野ごとに異なった定義が与えられることになる。例えば、人間という一つの対象についても、これを生理に従う生物体と見れば生物学が成立し、その病理と治療法から見れば医学となり、身体能力とその向上方法からすると体育学、その集団生活を社会と見るのは社会学等々となる。学問における考察対象の定義は、個々の学問の観点すなわち目的によって異なってよい、むしろ異なるべきなのである。

スポーツ法学は、スポーツの実体を正確に認識するために他の諸分野におけるそれぞれの定義を尊重し参照しなければならないが、それ自体はその目的のために必要で有用、そして同じくスポーツを研究する他分野と協力共同できるような定義をなすべきことになる。すると、スポーツにおける法とは何かを、事実の問題として確認することが先決となる。それとしては、法学は国の法つまり国家法のうちスポーツに関するものを、当然にまず想定する。現在の法学界は、全体としてはこの種の法のあることを知らないように見えるが、それが事実としては存在していて少数派とはいえ体育法学の名がすでに通用しているから、ここで検討すべきは非国家法があるか、ということになる。

そこで注目すべきは、スポーツの前記三要因中の「一定の規則」である。どのスポーツも一定のルールがあってこそスポーツであり、ルールこそスポーツに最も本質的な固有の要因、そしてスポーツ人には直接の法、すなわち固有の非国家法なのである。よってスポーツの定義には、三要因中一定の規則を主、他の二要因を従と理解できよう。とすればスポーツの定義は、「一定の規則の下で、特殊な象徴的様式の実現をめざす、特定の身体行動による競争」となろう。

したがってスポーツ法学が意味するスポーツには、その三要因を不可欠とするが、中でも決定的なものは一定規則であって、それが確立していないものは喧嘩か遊びかであるのに対して、他の二要因は不明確であっても一定規則の在ることが認められるものはスポーツに該当することになる。この理解によれば、スポーツ法学が対象とすべきスポーツは次のように大別される。（ただし、本章のこの規定も一つの観点からのもので、ほかの定義も可能である。それらを総合して一つの定義に到達することはスポーツ法学の一目的でもある。）

まず、この三要因を明確に具えているものが典型的なスポーツで、当事者が身につけた技能をもって相手に優劣・勝敗を争う競争だから、外向性スポーツと言ってもいいであろう。他方、それとは違うが常識ではやはりスポーツとして通用するものも多い。例えば、登山にもルールや山男の不文律があり、個人スポーツにもそれぞれのルールと社会のエチケットがあって、いずれも一種の法のもとで行われる。他方、それらには、競争相手が直接には見えないようだが間接にあるいは激励者としてはあるものであり、そうでなくとも記録との競争あるいは自分自身との闘いである点は確かであるから、一種の競争はあると言ってよい。ただそれらは前の外向性スポーツほど明確ではないから、これらの類を内向性スポーツと言ってよいだろう。（もちろんこれらは分類上仮りの名称で、それらのスポーツとしての本質的意義については別に考察すべきである。）いずれにせよ、この二種が本来のスポーツで、それらを規制する法すなわちスポーツ固有法がスポーツ法学の主要な対象となる。

いわゆる室内スポーツやコンテストの類は、身体行動を要因としてはいないからスポーツには該当しない。しかし、一定規則の下の象徴的競争という点ではスポーツと同様であり、しかもスポーツ法学はスポーツの三要因中規則を最重要本質とするものであることを顧慮すると、これらの規則類はスポーツのルールに準じて検討すればスポーツ固有法そのものの研究に役立つに違いない。よって、これらも準スポーツとしてその法をスポーツ法学の補助的対象に加えることが要請される。

二　スポーツ法——スポーツ法学の対象

1　スポーツ国家法

一般に言う法とか法律とかは、一国家がその組織と国民の社会秩序を維持するために正統的権威をもって定立し実施する法すなわち国家法を意味し、それ以外に社会で実際に行われている規則や規範の類は、当人たちは自分らの法と考えていても、国家の諸機関したがって現行の法学はこれを法とは見なさない。よって、スポーツ法とは、法学の常識ではスポーツ国家法と同義になる。それについては、他にも文献が多いので、ここでは念のために全体的な注意点だけを記しておく。

スポーツ国家法と言えば、典型的にはスポーツを規制する「法令」のことであるが、これには性質上二種の別が認められる。スポーツに関し直接の規制を目的とする国家法、すなわちスポーツ振興法その他の法令、および、スポーツの規制を直接には目的としないが実際に市民のスポーツに関する権利義務を確定するもの、すなわち民法・刑法等である。その前者には、これを補充する形で市民には具体的に関係の深い自治体の「条例・規則」があり、また後者には、一般的な明文の規定とともにこれを個々の事件に特殊的に解釈適用した「判例」が実は重要である。

わが国のスポーツ国家法は以上の通りだが、国家法の延長である国際法にもスポーツ法すなわちス、、、、、ポーツ国際法があることを認めねばならない。スポーツ国際法は、体育法学やスポーツ法学また国際法学から無視されてきたが、スポーツは国際性を一つの特徴とし、そこに国際法もまた不可分に参与しているはずであるから、これを本章の付節で略述する。

2　スポーツ国家法とスポーツ固有法の関係

スポーツ国家法は、国民の必然的なニーズであるスポーツへの権利を保障・促進するものであるが、その役割は必要な場合に最後の砦として出てくることを原則とするので、スポーツ人がスポーツを享受している現場を直接に規制するものではない。反対に、現場はそれぞれのスポーツのルールとその行事の約束に従えばよいので、国家法には干渉して欲しくない。スポーツ人にとっては、この自主的なルールと約束こそ直接の法で国家法は間接の法にとどまる。現行法学もこのことを知っていて、家庭と宗教とに対すると同様に法はスポーツに入らずというのが、スポーツ法学誕生以前の常識であった。

スポーツ中の事故はわが国でも戦前からあり、戦後スポーツの隆盛とともに増加してきたけれども、大部分の場合は、被害者も関係者もスポーツ中ではやむをえないことと理解して加害者の責任を追求しようとはせず、また責任問題が起こっても関係者が団体内部の問題として自主的に処理する傾向にあった。そこには、スポーツのルールに従おう、スポーツ行事の約束事を守ろう、そして紛争になりかけてもフェアプレーやスポーツマンシップの精神で解決したい、要するにスポーツ固有法の範囲内で事を処理し国家法の干渉を不必要としようという、スポーツだからこその強い自覚と自制が働いていた。

それでもスポーツも人間のやることだから、固有法だけでは処理しきれない紛争や事件が起こることがまたやむをえず、その場合は国家法による判断に従って処理するほかなくなるが、まずは当事者・関係者が自主的に合意をはかり、それができない場合に裁判に訴えるのが順序である。裁判では主として民法か刑法が適用されるのだが、スポーツ事件については市民間の一般事件の場合とは違った判例が成立している。例えば、きびしい練習やはげしいぶつかり合いによる傷害、時には死亡の事故でさえ、当事者間に「事前の合意」があったとか、スポーツのルールを守っていて起こった「正当行為」だとかの理由で、違法性を阻却されることがむしろ通例であった。だから明瞭に免責に該当する事件は裁判に出ることなく、被害者の了解か当事者間の話し合いで自主的に処理され、裁判事件にまで発展する事件はその点が不明あるいは争われるときに限られる。それだけ裁判官の判断はむずかしく、その解釈論が、スポーツ事件に特有の判例を作り出したのである。このことは、国家法も実は固有法の存在と役割を尊重していたことを証明している。

3　スポーツ固有法の内容

スポーツ固有法には大別三の類型が区別される。

一は、スポーツルールで、個々のスポーツの存立と実行を可能にさせる一定の規則である。これが、そのスポーツの当事者の資格、施設・会場等の要件、進行の原則と規則、禁じられる行動、進行を管理する審判の規準と権限、違反が生じた場合の処置、等々につき諸関係者の権利義務を定める。スポーツがスポーツとして存在し機能するために前提をなす基礎要件である。

二は、スポーツ団体協約で、あるスポーツを享受する目的で関係者が結成する団体の組織と運営に関する規約、あるいはその複数がとり交わす協定の類である。この種のスポーツ団体には、組織と規約との整備に程度の差が大きく、口頭か黙示の合意による同好会の類から、学校や会社などの部やクラブ、それらの上位にある協会とその連合体、さらには成文で整備された国際スポーツ団体等々多種多様のものがある。スポーツの行事、特に競技・試合・大会は、それらの諸団体が内部で行う決定や相互間の合意により計画され実行されるから、これらの諸団体が一種の法主体（第8章一八〇頁）として持つ協約類がスポーツ人のスポーツを享受する権利を実際に左右することになる。

三は、スポーツ法理念で、フェアプレーとかスポーツマンシップとかいうスポーツの理念もそれに関係するが、スポーツ法としては「安全」と「公正」とを特記すべきである（くわしくは第7章**五**を参照)。直接にはスポーツルールの順守を指導するのだが、そのことを団体協約も前提するから間接にはその運営をも指導する。その役割は国家法上の正義や自然法などの法理念に相当するが、影響力はそれよりも大きいと言ってよいだろう。

以上のスポーツ国有法は、法としては新しい種類の法であるから研究の蓄積がなく、その全貌を確認して体系化・理論化を完成するのはまだ先の課題に属す。(その進展を願って行った議論が本書後編の諸章である。)

三　スポーツ法学の展開

1　日　本

スポーツ法学という名称は、最近数年間の新しい用法だが、スポーツ法に関する法の問題は部分的とはいえ以前からも一部の法学者の関心を惹いていた。

まず最初は、前述のように、スポーツ事故が法律問題として議論されていた。スポーツには怪我という人身事故が当然のようにしばしば発生する。スポーツ人は誰でも、激しいものはもちろん優しいものでも、試合・競技の場でも練習の場でも、本人の不注意や過失、相手との接触や衝突、用具や施設の不備欠陥等々の原因で、むしろ不可抗力的に怪我を負い、運が悪ければ植物人間に陥り最悪では死に至ることさえある。その大部分はスポーツ中のことだからという理由で当事者と関係者の自己責任として内部的に処理された。しかし、中には当事者が、それだけではすまされない責任問題を追求して裁判に訴える事例があった。こうして、スポーツ事故が裁判事件となりその判例が戦前から蓄積された。

戦後には、スポーツの隆盛につれてこの種の事件も増加した結果、特に民事上のスポーツ事故判例と学校事故判例の研究が進み、体育法学あるいはスポーツ法学を唱えまたは学校事故研究の中でこれを重視する学者も現われるようになった（伊藤一九八〇、一九八三その他参照）。他方、戦後民主化の過程で、政府も国民のスポーツ享受を促進するためにスポーツ行政を一般行政の中で特別に顧慮するようになり、一九四九年社会教育法がスポーツとレクリエーションを認めたあとの一九六一年に、三年後の東京オリンピック大会に備えて「スポーツ振興法」が制定された。それを基準として国と自治体にはスポーツ行政の特殊分野が成立し、ここに一群のスポーツ法令が生まれていた（内海一九九三、関一九九七参照）。そこでその体系的研究を志すことも「体育・スポーツ法学」の任務と解されるようになり（濱野一九八八参照）、スポーツ事故研究をあわせて総合的に考察する要請が法学者の間に認められるようになった。

別にスポーツ人の権利問題が時にマスコミを賑わし法学者の注目を惹いたことも、以前からあった。代表的だったのは、一九七八年、巨人軍と江川選手との間で「一日の空白」を理由にした契約（座談会「プロ野球と法」一九七九）をはじめ、プロ野球に関する諸事件であった。学校スポーツにも例えば水泳や登山などに事故がしばしば起こりまたいわゆるしごきが伝えられたりして、話題は折々に提供されており、最近ではドーピング問題やケリガン事件など外国からのニュースもあった。だが、それらの論議は現行法学の一時的な応用例かマスコミの報道かにとどまり、スポーツ人の権利と法の問題だとして総合的に捉えられるまでには至らなかった。

しかし、戦後の後半期にスポーツの大衆化といわゆる商品化が進んだことが、その種の事件の法学的問題性を一部の法学者に正面から受け止めさせた。その例は多い。プロ野球では選手の入団・移籍の契約や引退後の生活保障に人権上問題がないか（特集「プロ野球の法律問題」一九九三）、マスコミの報道や写真あるいはしごきに近い訓練が本人の人権を侵害することがないか、アマスポーツでは冠大会や増大する賞金がアマチュア性を侵害しないか、国民体育大会で主催県が選手獲得のために特別契約や報奨金を用意する慣例も、また高校大会から外国籍の選手を排除していた差別も、スポーツの理念に反するのでないか、試合や大会が引き起こす騒音・混雑等の公害や、マリンスポーツと漁業との矛盾などは、どう調整したらいいか、スポーツの勝敗に賭けをするスポーツくじはどこまで私的自由でどこから犯罪の賭博になるか、かつてのハイアライ法案や最近のサッカーくじ法（正式には、スポーツ振興投票の実施等に関する法律）の立法などは是認してよいか、等々。

それらの諸問題は、国家法の刑法や行政法に明白に抵触しないかぎりは憲法が保障する私的自由の範囲内のことであるから、関係者の自主的処理に任せるほかない。だがその自主的処理に、当事者は全く自由に決定できるのではなく何よりもまずスポーツ固有法に従わなければならないのに、そこに難題のあることが明らかになった。上記のような諸問題に対処するとき、スポーツ固有法の拘束力と適用手続等、法としての性質と内容が学問上不明なので適用に理論性・体系性を欠かざるをえないことである。しかも、国家法には最後の場面では頼らねばならないとしても先走った介入はしてほしくないという境界を守らなければならない。スポーツの円満な享受と発展のためにこの点を学問として確立させる必要を感じた有志が、一九九二年一二月に日本スポーツ法学会を設立することになったのである（特集「スポーツ法学」一九九三参照）。

2　外　国

日本にスポーツ法学を誕生させた動因は、基本的には上述のような国内における問題性への着眼であったが、その契機を促進したのは欧米諸国におけるスポーツ法学の進展であった。したがって、それらの成果は、わが国でも近々起こるに違いないあるいは実は起こっているのに気づかないでいる問題にかかわるから、われわれにとっては勧告か警告に当たるものである（主な五ヵ国におけるその実情は本書第1章で紹介しているので、ここでは全体の概観にとどめておく）。

学問の呼称は、日本では「スポーツ法学」がほぼ定着しているが、欧米では「スポーツと法」と言うことが多く、あるいは単に「スポーツ法」とも言う。これは、問題が境界の定まった学問分野というよりも、多くの分野が共通に関心を持つ対象であることを意味し、社会と法、文化と法、経済と法、心理と法などと言われる問題意識と同じである。

それが法学の問題として関心を集めたのは、まずアメリカで今世紀の最重要立法とも言うべき反トラスト法が、野球だけを例外として他のプロスポーツのすべてに適用されたことであった。戦後はそのほかにも、一般的に選手の契約・移動・労働関係・課税その他の諸問題ひいては裁判問題が増大した。事故に基づく損害賠償や刑事責任の問題、大学を含めスポーツ団体の選手に対する権利侵害や差別、選手の側の契約違反・暴力・ドーピング、ラジオ・テレビによる放送・放映の権利をめぐる紛争、その他多様な問題がアマ・プロを問わず発生し、判例を増加させた。これによりスポーツ法事件専門の雑誌や弁護士まで登場している。この事態は地続きでプロのアイスホッケーを持つカナダにも及んでいる。

ヨーロッパ諸国でも、プロスポーツがイギリスで早くからあり近代スポーツのサッカーその他の競技にも発達し、アマスポーツの場合も加えて、最近二〇年ほどの間に基本的には北米と似た諸問題に当面した。しかし、アメリカとは違う傾向も認められる。一つは、お国柄を反映して各国ごとの特徴もうかがわれることで、例えば、イギリスでは国民スポーツの観念の中にも貴族・紳士の嗜みと労働者・市民のレジャーという階層的分化がほの見え、フランスでは政府がスポーツ行政に力を入れて法制度で施設・便宜を整え、ドイツでは法制度は反対に各州に任されていてさまざまである。これらの例を見ると、日本がスポーツ国家法を整備するには、どこか一つの国だけをモデルとするのではなく、日本の文化環境に即した体制を創造すべきことを、教えられる。二つは、ヨーロッパ諸国間の交流が必然的に盛んとなってこの広域圏内のスポーツ国際法を生みだしていることである（以上、Will 1988, 1993参照)。

スポーツ法は世界のどこにもある。特に注目されるのは、まず社会主義国のスポーツ政策であった。冷戦時代にはソ連・東独の陸上競技と水上競技、チェコスロバキア・ルーマニア等の体操から知られるように、スポーツは社会主義の成果を誇示し国家の国際的認知を非公式ながら獲得する手段とされ、国策として奨励むしろ強制された。中国は今も体操や水上競技などに力を注いでいる。同様のスポーツ国策は第三世界諸国にも見られる。ブラジルとアルゼンチンなどのサッカーや、エチオピアとケニヤなどの陸上競技長距離を見ればわかるように、スポーツは国家の名誉をかけた行事なのである。だからこそ、オリンピックが一九八〇年のモスクワ大会ではアメリカから、一九八四年のロスアンゼルス大会では旧ソ連からそれぞれボイコットされることにもなった。ただし反面で、いわゆるピンポン外交が中国とアメリカに公式の国交を始める契機をもたらしたような積極的な機能もあることを知ると、スポーツ国際法の意義を覚らざるをえないであろう。

四　スポーツ法学――内容と課題

1　スポーツ法学の諸問題

スポーツ法学は、以上の諸所で触れたようにその研究テーマがすべて新しくかつ多く、志があれば誰でもできる、やり甲斐ある学問である。しかしその反面で、新しいだけに隠れたままの問題も多く研究方法も定まっていないから、研究テーマを選びその資料を集め検討を進める手法が容易には得られないし、新しい学問には手法の選び方にも難しさがある。

そういう場合に勧められる対処方法は、まず現在知られるデータを集めて問題の体系を作り、その中で個々の研究テーマの位置すなわち重要度を見定めて順次に着手することである。本章初出本(千葉＝濱野一九九五)の目次もその意味の「問題の体系」に当る。だが他面では当然に「問題の体系」は一つには限らず幾つもが可能かつ有効であり、また、一度できた体系もそれ自体の研究の進展と他の体系との参照によって操作的に修正発展させるべきものである。この書の「問題の体系」はこの意味で採用された試案である（その概略は補注で紹介してある）。

よってその「問題の体系」にも長所・短所がともにあることを、われわれは承知している。長所は、わが国で最初の試案であるから今後の礎石となるであろうことである。短所は、従来の研究が体系など考えられないくらい不備であったために本書の試案にもアンバランスと不徹底がなお残ったことである。われわれは研究を積み重ねてその完成を期しているので、読者の理解と応援を願ってやまない。

2　方法論上の課題

「問題の体系」で示した諸問題は、スポーツ法学がこれから解明すべきむしろ課題である。一般に課題と言えば、求められる研究対象を明確にすればすむが、新しい学問であるスポーツ法学には、その特有の方法があるはずだからそれを明示する課題が同時に残される。第一、国家法のみを法とする現行法学から見れば介入を遠慮したいスポーツの世界を新たな対象に取り込むことになるから、そのことが学問的に可能かつ必要である理由を証明する責任がある。

スポーツ法学は、スポーツ国家法に関する限りは、現行の実定法学の延長ないし応用であるから、それ特に法解釈学の成果と発展に依存する。だが同時に、国家法を固有法と対照して取り扱う点においては、伝統的な解釈学に特殊な理論を要請するはずである。そのことは研究がすでに累積されている事故の民事・刑事の責任論に明らかであるが、スポーツの問題と言えばそのほかにも、人権をはじめ契約・労働・行政・犯罪そして紛争・裁判と法体系の広い範囲にわたっているから、スポーツ法学は実定法学の広い諸分野となお緊密な提携を必要とする。

スポーツ法学の対象であるスポーツ法は、それが法であるからこそ法学の対象として可能なのであるが、それが法であることについては、国家法については問う必要がないが、固有法には別に証明が要る。その役を受け持つ学問が、社会に「生ける法」を発見しそれを基礎的な対象とする法社会学である。スポーツ固有法は、そのルールと団体協約と法理念の実効性に明らかな通りスポーツにおける生ける法にほかならないから、その意味で、スポーツ法学は法社会学の応用であるとともにこれを不可欠の探究方法とする（その点、とくに第8章を参照）。

スポーツは特殊な身体行動であるが、その特質は特有の象徴性を属性とする文化性にあるから、それを実在するままに把握するには人類学の方法に学ばなければならない。スポーツ法について人類学は、そのシンボリズムの理論だけでなく、世界に普及しているスポーツにも日米野球の違いが見られるように民族文化による差のある事実、さらに各民族に固有の伝統スポーツもある事実をも教える。法人類学の参与が期待されるゆえんである（その点、とくに第3章二および第7章を参照）。

法哲学にも協力を待つところがある。スポーツ法は固有法を法と認めることによって現行法学における法概念を大きく修正するものだから、法哲学の承認と支持を求めなければならない。固有法の内スポーツ法理念は、法哲学の基本的なテーマである国家法における正義や自然法などの法理念と並ぶものであるから、法哲学によるその理論化がまた要請される。

スポーツ法を社会に実在する文化と把握する以上、これを研究する他のすべての学問分野と協力する用意もまた要るであろう。なかんずく体育学・スポーツ科学の成果は専門学者の研究はもとよりスポーツマンの生まの経験も、スポーツ史の成果と共に、スポーツ法学の貴重なデータとなるはずである。また、教育法学は学校スポーツの占める比重の大きさからしてスポーツ法学に対する貢献が実践的にも大きい。そのほかスポーツ医学、スポーツ社会学、スポーツ心理学、スポーツ経済学等々スポーツ法研究の諸分野すべてに協力を求めたい。スポーツ法学はそのような学際科学である。

3　新法学としての意義

スポーツ法学は、以上のように伝統的法学とは多かれ少なかれ性質を異にするが、その点でなお付け加えておくべき意義が幾つかある。

　現代法学の原則は、近代法が個人の生活は基本的人権の範囲で本人の自主性に任せ、その間に事件や事故が起こったときにその処理をするという伝統的な本旨を尊重して、市民の実践に事前には干渉せず事後の処理に徹することであった。もっとも近代法も、二〇世紀が進んで過度の近代性を補完する必要が認識されるようになってからは、福祉立法等の例に見られるように市民の生活実践を事前に誘導する方向も取り入れたけれども、基本性質は変ることがなかった。

　しかしその点で、スポーツ法学は大いに異なる。現在の研究成果として圧倒的部分を占める事故責任問題は、同時に、スポーツ事故を事後に対処するだけでなくむしろ事前に予防する必要を要請してやまない。これを予防する方策を講ずることは、スポーツを享受する本人はもとより指導者・管理者の不可欠の資格と認められており、そのためのノウハウの試論もいくつか出されている。これを理論的に体系化し個々のスポーツに応じて十分な予防のための固有法また国家法を発達させることは、スポーツ法学の任務でもある。すなわち、スポーツ法学は予防法学としても新しい法学を志向する。

スポーツ法学はまた、立法学を促進する役割も担う。立法学は、従来も法学中に発展させなければならない新分野として提唱する声が散発的に出されることはあったが、それにとどまっている。社会の全面が大きく転換しつつある現代、欧米諸国に比べてスポーツの制度と行政に立ち遅れが目立つ日本では、立法学の発展に待つところが大きい。

以上のように理解すると、スポーツ法学は単に法学の新分野の一つであるにとどまらず来るべき新時代の法学を先導すると言ってもよいほどの意義を持つことがわかる。実は、世界の法学では、世紀末の一九九〇年代にポストモダン法学を待望する声が定着している。これによって、近代法学が新時代を開いた功を認めつつもそれが看過したものを発見し認識し、新たな法学の体系を再編成しようというのが、歴史的な動向である。そう言えば、最近叫ばれる女性法学や生命法学も、以前からの法社会学や法人類学も、先発のアフリカ法学や展開中のアジア法学も、いずれもポストモダン法学の担い手だと言える。スポーツ法学は、それらの一環をなしてその役を担うことが新法学としての使命である。

付節　スポーツ国際法

1　国際法としてのスポーツ法

国際性がスポーツの属性の一つであることは自明と言ってよいが、国際法学はスポーツ国際法を顧慮することがなかった。その主な理由は、国際法学は厳密な見解では国家間の公式・明文の条約の類を国際公法の本来の法源だとするのに、スポーツが国際条約の主役として登場することがなかったからである。なお国内法と同様に、公法である国際法は私事であるスポーツにはかかわらないという前提も働いていた。しかし、事実とくに戦前の国際社会の変動を見ると、事態は変わっていることがわかる。

第一に、その国際法も、もともと不文の慣習法をも法源としこれを国内法の場合以上に重要視していた。この点からすれば、現代スポーツの大部分は、世界に共通のスポーツルールを民間の団体そして時に個人の意図ないし合意によって世界に伝播したものであるから、その法は国際的な慣習法の一つにほかならないはずである。その上戦後の世界では、国際交流の主体と方式が多元化かつ重層化し、政府以外の団体や個人も国際法上の権利主体となり、政治以外の他の諸活動についても当事者間の合意を法規範として国際的に組織的活動をするなどのことが多くなった(山本一九九四参照)。慣習法と非政府間国際協約類との国際法としての意義は格段に高まり、これらをも国際公法と認める見解がむしろ一般的となった（中原一九七八参照）。その上、国際私法と言われる国際法の分野もある。

スポーツ国際法は、一般の国際法学からは顧慮されることがなかったとは言え、現存の国際公法の全体系中に実は位置を与えられている。国連の代表的専門機関であるユネスコが制定した「体育・スポーツに関する国際憲章（International Charter of Physical Education and Sport)」（一九七八年）と、同じ精神に基づいた「ヨーロッパみんなのスポーツ憲章（European Sport for All Charter）」（一九七五年）とである。もっともこれらはいずれも目標宣言の性質のものだから実定国際法とは言いがたい面もあるが、それを補って余りあるほどスポーツ国際法の実を発揮しているのが、オリンピック憲章その他の非政府間国際法である。（スポーツ国際法の全体についてはNafziger 1988を参照。）

2　オリンピック憲章

一八九四年に国際オリンピック委員会（IOC）が、クーベルタンの提唱に応じて国別だが民間の代表者により創設された。オリンピック憲章はその基本法で、IOCがこれによって組織と活動を拡大してきたことは衆知のところである。IOCの現在の構成単位としては、各国の国内オリンピック委員会（NOC）が中心と見えるが、そのほかにも各種の国際スポーツ団体がある。例えば、数十の公認国際競技連盟（IF）にはオリンピック競技を統括するものが多いがそうでないものもあり、国際競技団体連合・アジアオリンピック評議会・パンアメリカンスポーツ機構のような国際組織も含まれている。世界に及ぼすその活動が全体としていかに大きいかは言うまでもないが、これを規定するのがオリンピック憲章とその関係法規いわばオリンピック法体系であるから、その国際的実効性の大きさも知られるであろう（永石一九九四参照）。

それらの加盟団体は憲章に規制された活動を各別にも実施するから、これらのスポーツ諸団体はもとより、それぞれに所属する個々の競技者も、憲章の趣旨に直接・間接に規制されることになる。例えば日本でも、日本オリンピック委員会（JOC）はその規約の承認をうけることを、また参加する各競技者は憲章による資格と宣誓を、いずれもIOCから義務づけられている。その意味で、オリンピック法体系はスポーツの国際法であるとともに国内法でもある。

このオリンピック憲章は、前述したように国際公法としては黙示的に承認されているだけだという見解があるが、その実体と実効性はそれどころではない。第一に基本の構成員は国を代表するスポーツ団体である。またどの政府も、オリンピックのためというと巨額の予算を支出して便宜をはかり、オリンピック大会で勝つことは国の名誉だとして勝者を表彰し、大会参加が国益に反すると判断すると、事実二度もあったようにオリンピック大会をボイコットさえさせる。国連では、国連憲章とオリンピック憲章との精神を実効的にするために、総会決議をした上で「スポーツにおける反アパルトヘイト条約」を成立させた。スポーツ国有法は、一部がすでに明示的に承認されている国際法なのであって、学問上の理論的体系化が待たれているだけなのである。

3　スポーツ法の国際性

スポーツ国際法は、オリンピック法体系だけではない。その外でも、今日の世界で行われているスポーツの無数の国際交流は、みな、関係するスポーツ団体あるいは個人が国境をこえて協定を結んで実施するものである。これらの国際協定とその内容は、国際公法と各国の憲法体系から見れば私的契約であろうが、それだけに一種の国際私法の実体をなす。そこに紛争が起こって法律的判断が求められると、まず契約の内容を尊重しそれに違反があると判断されると、例えば、紛争として裁判や仲裁の問題となり（小田一九九八参照）、あるいは国が大会への参加や選手の入国を拒否したりして国際的干渉がなされる。スポーツ固有法は国際的に実効ある法、人類の国際法だからである。

どのスポーツも、始源はどこかの民族で生まれた、そこに固有の文化であった。それらは長い歴史の間に、その民族に固有のままに残り今日伝統スポーツと言われるものもあるが、多くのものは他民族に伝播して国際化していった。国際化されたスポーツには、剣道のように伝統の特徴をなお色濃く残すものもあるが、それが見えなくなるほど国際化の進んだものも多く、それが今日近代スポーツと言われるものである。その点で、近代スポーツとその法は本質的に国際的なのである。

例えば、ある試合があるとすると、それは、どこかの国で生まれたそのルールを、出場する選手も観る観衆も、さらにはラジオやテレビでそしてしばしば外国から視聴するファンも、そろって共通に尊重し同時に楽しんでいることになる。後に新聞や図書などでその記録を味わう者を加えると、スポーツの試合実はルールの、この国際的機能は一層大きいことがわかる。スポーツルールは言わば世界市民の共通法なのである（この点、とくに第5章を参照）。

国際法が今大きく変ろうとしているのは、宇宙空間や南北問題などの新問題を契機としているが、その基礎には世界の人類にそもそも共通法があるからに違いない。スポーツ法は、国際法学者も認めている人道法とともに、その一つであることを確認すべきである。

補注

本章の初出（千葉一九九五b、二〇〇〇年に一部を改訂）は、スポーツ法学と名づけた初の書物（千葉＝濱野一九九五）の序論にあたる章であった。この本は、スポーツ法の全体系を略述するには時期尚早ではあったが、以後の積極的な論議の誘因となることを願って編集・刊行された。その目次が「問題の体系」を意味し、以下のように構成された。

前編　スポーツ法学の基礎理論

第1章　スポーツ法学の意義、第2章　スポーツ国家法、第3章　スポーツ固有法、第4章　諸外国におけるスポーツ法（アメリカ、イギリス、ドイツ、フランス）

後編　スポーツ法学の基本問題

第1章　スポーツ権、第2章　スポーツ振興法、第3章　スポーツ団体と競技者、第4章　プロスポーツと契約、第5章　スポーツ事故と法的責任（総論、スポーツ事故と刑事責任、過失によるスポーツ事故と損害賠償責任、施設・設備の瑕疵によるスポーツ事故と損害賠償責任）

後編　スポーツ固有法の特質

第５章　スポーツ固有法の国家性と国際性

一　スポーツ法とは何か

１　世界におけるスポーツ法研究の展開

スポーツが人類の歴史において特徴ある文化として存在していたこと（Mandell 1984を見よ）、および、現代の世界においては巨大産業にまで発展していること（Grayson 1988; Johnson & Frey 1985を見よ）は、だれも否定しない事実である。にもかかわらず、法学の主流がスポーツの法的意義を適切にとりあげたことは最近までなかった。[1] スポーツに対する法学のこの無関心は、実はそれを支持する現代法学の理論に基づいていた。[2]

第一は、現代法学の基礎理論が私的世界と公的世界とを峻別、スポーツを前者に含めて私的自由に任せること、第二は、スポーツは宗教・道徳と同様に法が立ち入らない原則を、不文とはいえ確立させていたこと、そして第三は、この原則が法解釈上の免責理論に具体化されていて、スポーツ活動中に生じた危害・損害は原則として正当理由があり民事・刑事の法律責任を免除されることである。

しかるにこの二〇世紀の末期になると、現代法に疑われることのなかったこれらの理論が、批判法学（critical legal study）やポストモダン法学（post-modern jurisprudence）の批判にさらされることになった。その間における現代法の推移をごく簡単にふりかえってみると、まず、現在世界で実際に機能している法は実は二つの本質的な点において当初の理念型からすでに変質していたことがわかる。一は、現代法が、資本主義社会構築のために西欧思想により創りだされたが、とくに社会主義法との対決を通じ古典型とは異質の要素をある程度取り入れていた点である。二は、多元的法体制（legal pluralism）が、元々の法理論は近代国家法こそ唯一の規準普遍法だと信じつづけているにもかかわらず、文化を異にする複数の諸法の複合として、独立後の第三世界諸国に成立していることが明らかになったことである。このような状況下では、今日の法学は、まずは世界で変動しつつある現実の法システムを理論化し、つぎに進んでこの変動を望ましい方向に誘導するために、自己再生をとげることが求められている。このような法学再生の主目標の一つは、上述の事情を顧慮して一言でいえば、伝統的法理論が文化の異なる法として従来無視していた諸社会、とくに非西欧諸民族の法を、自己のシステムの改造によって内に取り入れるかあるいは外であっても協調して併存させることであるに違いない。(3) スポーツ法もそのような諸法の一つである。ただしスポーツ法と言うべき法が実際に存在すればである。よってその存在を証明することがまず必要となる。本章で以下に論述するのは、この証明を試みるものである。

スポーツ法の研究は、一九八〇年前後に欧米の少数の国で有志の学者により散発的に始められ、この一〇年の間により多くの国々で集団的活動にまで発展している。そこで私は、これまでに集めた情報に基づき、初めにこの発展の大要をまとめておくことにしよう。

まずイギリスが、社会＝歴史的ないし政治的環境下のスポーツ一般（例えばHargreaves 1986; Brailsford 1991）とわけてもスポーツ法の問題（Grayson 1988を見よ）とにつき、多くの業績をあげている点できわだっている。これに対しアメリカは、生きて働いているスポーツ法につき広範な研究を生み出してきた。そのことを端的に示すのが、文献集などのレファレンス類（Uberstine 1985; Hladczuk et al. 1991）、入門書（Weistart & Lowell 1979; Berry 1984; Berry & Wong 1985）、判例集・事例集（*Sports and the Courts* その他）の出版物、および、人権・差別・契約・責任・学校スポーツ・プロスポーツ・企業・放送・放映・独禁法・損害賠償・犯罪その他多様な問題を取り扱う論文・図書である（cf. Johnson & Frey 1985; Champion 1990）。

ヨーロッパ大陸では、ドイツとフランスが目立つ。ドイツの学者たちは、一〇年前に入門書を一冊出した（Weismann 1983）あと、現在発行継続中の双書（*Recht und Sport*）に見られるように目をさまざまの問題に広げた。フランスは、個人の自由を尊重しつつ政府の合理的な規制をしようとしている国である（*Droit et sport* 1984; Alaphilippe & Karaqillo 1985; Collomb 1988）。ヨーロッパの他の国々、スペイン、イタリア、スイス、オランダとベルギーについては、研究実績があるとしても上に言及した国々には及ばないから、それを集めた文献リスト（Will 1988: 89–103）を参照すれば充分であろう。

　カナダも注目すべきだが、その理由は、スポーツ法関係の業績があることのほか、たとえばアメリカ人の所有するプロ野球チームのフランチャイズがあるというようにアメリカの影響が大きいからである（一般的にはBarnes 1983; Harvey & Cantelon 1988を参照）。国際関係におけるスポーツ法の問題はヨーロッパ諸国にもあり、たとえば国境河川上の問題（Krähe 1987）やサッカーその他の比較考察（Will 1988; Malatos 1988）が行われている。国際的問題がしばしば生ずることは、競技者の国際交流やオリンピックはじめ諸世界大会における問題などの例でよく知られている。

　非西欧諸国のスポーツ法とその研究については、私は充分な情報を得ていない。しかし、ラテンアメリカとアフリカの諸国および中東欧の旧社会主義諸国では、法的規制によるにせよ国家政策によるにせよスポーツが特別に奨励されていることが、またよく知られている（Arbena 1988; Baker & Mangan 1987, cited in Vinokur 1988）。

2　スポーツ法の実体と法学

　では、スポーツ法とは何か。それが社会に行なわれる「スポーツに関する法」であることに疑いはない。だが問題は、この表現に異なった意味がいくつも含まれていることにある。

　まず、法的規制の対象を限定するためにスポーツの意味を確定しなければならない。スポーツの概念については、私のような部外者が及びきれないほど多くの議論が専門家によりなされているが、私は本章の目的上必要な範囲でこれを検討してみた結果、二つの見解にとくに参考になるとして注目したい。一は、スポーツの全体構造を六の要素に分析して、①プレイの一形式、②規制により構成された特定様式、③中立的規制の下の競争、④表現のドラマ性、⑤時に政治性をおびる儀礼的行事、⑥計算された見せ物的儀式による象徴性、をあげる（Hargreaves 1986: 11–12）。他は、これを要約するかのようにスポーツを定義して、〃生活の本質的かつ切実な次元とは別の外面顕示または象徴行為を目的とする、一定規則の下で身体をもってする競争活動〃とする（Mandell 1984: xvii）。

これらの示唆を法との関連性を探る目的から集約すると、スポーツの本質的要因は、「身体行動による競争、一定の規則、および象徴的様式」の三に集約できる。したがって国法ひいては現代法学理論は、当然とはいえ寛大にもこれらのすべてを個人自由の世界に委ね、スポーツ行動が公共の秩序ないし公序良俗に反しないかぎり直接の規制をしないことにしてきた。だからこそ、スポーツ法が国法体系中に注目すべき位置を占める理由はなかった。しかし同時に、その事情が特殊な法学を必要とする理由にもなる。何となれば、スポーツはスポーツ規則という自主的な法を内包するからこれについては法社会学が、またそれが象徴的様式による競争を楽しむという文化を育成し規制する点においては法人類学が、いずれも可能なはずだからである。そしてこれらの法が国法の下でどの範囲まで許されるかが、現に法解釈学の問題になっている。スポーツに関するこれらの法学が本章の主題となる。

スポーツはそうだとしてつぎに法とは何かというと、ここまでに引用した大部分の文献が前提しているとおり、主流の現代法学はこれを主権国家の法体系と限定している。だがこの国家法は、実は単一構造ではなく複合構造である。なんとなれば、それは、中央政府の法を規準形態とするが、一方では州、共和国、自治領、自治区、等々の名による準独立政府の法を内包し、他方ではその主権的権威のもとに、国家内では地方自治体の法を統制し国家外では国際法を承認するからである。よって私は、以後国家法と言う時は、一つの国家法体系を構成するこれら複合的諸法の全体を意味させ、中央政府の法だけをさす場合には国法と言うことにする。したがって図式としていえば、国家法は、国家内諸法、国法、超国家法の三レベルが、必要なかぎりで調整されて関連する全体構造だと言うことができる。

そこでスポーツ法の実態を探るとまず気づくことは、第二次大戦後の社会にスポーツの爆発的発展がありそれにともなって、スポーツにかかわる個人ないし団体の法律問題を合理的に裁定して活動を規制かつ保護する法が、立法にせよ判例にせよ国家法の新しい分野として多くの国で発達したこと、そして同時に、法学の中からこの新たに発達した法の特殊研究が興ったことである。その概要はさきに引用したアメリカとドイツの図書（とくにUberstine 1985; *Recht und Sport*; 本書第1章を参照）で知られよう。こうしてスポーツ国家法（state sports law）の法学が登場した。

同時に看過してならぬのは、スポーツ活動が、さきに一定の規則と言って特記しておいた、国家法とは別の自主的な法によって規制されていることである。イギリスの一専門家は、スポーツを現実に規制する法には、まず国内では、①スポーツの当事者と審判等の行為を規制するスポーツ進行規則、②審判等が進行の規準を守らせるためのペナルティ規則、③フェアで機に応ずる全体の進行を管理する規則、④上記三レベルのすべてに正義と公正を保障する国家法、の四があるとした（Grayson 1988: 11）上、さらに国際関係で、国際団体の法と外国の法との二を追加している（ibid.: 200）。ここで言われる合計六種のスポーツ法のうち四種は、国家法ではなくスポーツ行動の規制のみを目的として定立された非公式の法で、これこそ前述したスポーツの本質的要因三の内の一をなす一定の規則である。これをスポーツ国家法と区別して、スポーツ固有法（specific sports law）と呼ぶことにする。

スポーツ固有法は、スポーツの本質的要素をなす。もしも固有の特殊ルールが明確に定まっていないとしたならば、スポーツは存在しえない。それに加えてまた、具体的な試合や練習の段取りを取り決める関係スポーツ団体の決定ないし協約がなければ、スポーツの行事も行われない。さらに、そのルールは、国家法に正義とか自然法とかの法理念がともなうのと同様、スポーツ行動のフェアプレイやスポーツマンシップとくに安全と公正など一種の理念的要請により指導されることを、前提としている。よって私はスポーツ固有法をつぎの三に大別する。①スポーツ当事者と審判また時には観衆に、特殊の権利と義務そしてペナルティと制裁を課するスポーツルール（sports rules）、②スポーツルールを理念的に指導するスポーツ法理念（sports legal postulates）、③一国家の内外を問わず、スポーツ活動を目的とする団体・協会・連合・連盟等を組織しその活動を運営するスポーツ団体協約(sports organization agreements)、である[4]。

二　国民国家の下位文化としてのスポーツ法

1　関係用語の概念

そこで本章の主題を論ずる用意ができたのであるが、以下で使用する関係キーワードの概念をまず提示しておき、読者に私の意図を理解していただくのに役立てたい。

国民国家形成(章末補注参照)の概念は、とりあえずスポーツ法の一専門家にならい、〝国際社会への代表と国内の総合計画を目指す集団の凝集と忠誠〟という政治学者カール＝フリードリッヒの定義(Vinokur 1988: 16)にしたがうことにし、約言すれば国民統合と同義とする。すると、この統合過程に競いあう他の諸勢力に優って統合がなしとげられるためには一つの統合権力が効果的に働かねばならない。この統合権力は、他のすべての抵抗勢力に優越せねばならぬから、政治的でなければならない。よって図式的には、国民国家形成に働く諸勢力を、この統合政治権力と、それに対し支持にせよ抵抗にせよ同時存在する共存勢力とに二分することができる。

国民国家形成に働くこの勢力関係の図式は、一国民国家の法の全体構造にも適用することができる。言ってみれば、中央政府の国法は、その内部を構成する諸法はもとより国家に所属する自治政府・地方自治体その他の国家内諸法をすべて統合する任務を負う。この点に関しては、一法社会学者の参考になる見解がある。すなわち、国家法に対する法的下位文化を〝肯定的、中立的、否定的〟の三タイプに分けるものである（Podgorecki 1974: 228–229）。これによれば、国家内諸法は、常態としては中央政府法の圧倒的な正統性のもとにこれを肯定的に支持するが、異常態として下位の政府がこれに反発し、まして独立を要求するときは中央政府の国法に否定的に抵抗することになる。そしてその国法に対する支持あるいは抵抗が明白である場合以外は、中立的と見られよう。ただし注意すべきは、外見の中立は多くの場合実は正統に対する黙示の支持を意味することである。(5)

以上の国家法の三類別は、スポーツ国家法にも図式的に妥当するはずである。すなわちスポーツ国家法は、他の国家内諸法と同様、国法の統合的規制とそれを支持するおよび中立的な国家内諸法群の補助により反発するものを規制して、法として働く。だがその全体構造には、スポーツ自体の特殊性に基づき国家法体系の中で若干の特質のあることが明らかである。第一に、スポーツ国家法でも、正統国家法の直接統制をなるべく避けて市民の中立的自由をより尊重する。世界における最近のその発展はたしかに急速であり国家法の統合性を拡大しているには違いないが、すくなくとも西欧諸国家で見るかぎり、それもスポーツへの市民の自由を侵害しないようにという限界を明らかに意図している。第二に、スポーツ国家法が一般の国家法に抵抗するということは、スポーツの性質と国家法の正統的な統合力からして実際上ありえない。

スポーツ固有法は、スポーツ国家法とは著しく異なる地位を占める。簡単に言えば、その実体であるスポーツルールとスポーツ団体協約とは、法律学からすれば憲法上個人に自由なプライヴァシーと契約に基づくとして国家法の関与するところではない（ただし注5を見よ）。だが実は、このルールと団体協約とがスポーツ存在の本質的要因をなす。人は、国家法が全然なくともスポーツのルールと団体協約があれば、スポーツを楽しむことができる。極言ではあるが、人は、国家法がなくともなんとか社会で生きることができるけれども、スポーツにそのルールと団体協約がなければスポーツそのものが存立できない。この意味においてスポーツ固有法は、いかに非公式であり国家の公式法から放置されていても、社会学的存在としては正真正銘の有効な法である[6]。本章で問題とすべきは、その一見の中立性が国家法に対して実際上いかに機能するかである。

下位文化の概念については、下位の概念は自明としてよいだろうから、問題は核心の〝文化〟にある。人類学の慣用によれば、文化の本質は、〝空間的に一社会をなすと認められる、住民が学習した行動様式の統合的全体〟の意味である（Hoebel 1972: 6, 33–34）[7]。この概念によると、下位文化の社会的主体は辞書が定義するように〝同一社会としての特徴を保有する一集団〟となる、しかし文化ないし下位文化に同一地域居住を要件とすると、現代社会で文化を問題とする本稿にはあまりにも狭義となる。よってここでは、辞書も認める別の概念すなわち〝社会の一特定集団の特徴をなす文化的価値と行動様式〟（Random House Dictionary 1973）の方を採用する。ただしここで言う特定集団とは、スポーツが大衆も関与する社会＝文化活動であるかぎり、スポーツ活動のための継続的組織ないしスポーツの試合または練習のための一時的グルーピングにとどまらず、一スポーツないしその行事に参加する観衆をも関心を持つファンをも包含すると理解しなければ、道具概念としての意味を失うであろう。

最後に念のため付言すると、スポーツと言えば、とかく身体運動だけと受け取られやすいが、そのためのルール類すなわちスポーツ固有法もそれに並ぶ本質として実は内包されている。ゆえに今後の論述で単にスポーツと言うときも、それはスポーツ固有法をも含意しているものとする。

2　下位文化としてのスポーツ法の問題

キーワードを検討した結果からすると、下位文化としてのスポーツ法の主要問題は、公式の国家法と、スポーツの本質的構成部分をなす非公式のスポーツ固有法とが、相互の支持か抵抗か、どういう関係にあるかに帰すると言ってよいであろう。

法律学の扱いでは、この二つの法の関係には衝突が起こることがあるとしても、たくみに処理されてきた。実際にスポーツ行動の中では国家法違反がしばしば生ずる。その最も多いのは事故による身体傷害ないし損害で、それに基づく民事または刑事の責任問題を引き起こす。しかし大部分の場合は、加害者は「正当行為」をしていた、あるいは両当事者に事故の可能性につき「事前の同意」があった、などという理由で加害責任は免除され、国家法の規定をそのまま適用して民事上の損害賠償または刑事上の刑罰を課せられる例はむしろ少ない。この免責理論を確立させたことにより、法律学はスポーツ事故を重大な法律問題として特別視しなくてもすむことになっている。

法社会学からすると、そのことが国家法とスポーツ固有法との潜在的な衝突を意味する。すでに述べたように、スポーツは特有の固有法を存立の根拠とし活動をそれに依拠している。各スポーツそれぞれの固有法は、他のいかなる規範や権力からも何の干渉も援助も受けることなしに、自足的なスポーツの享受を可能ならしめる。加えて、スポーツ固有法は、少しでも守られないとスポーツ活動ができなくなるから、関係スポーツ人によりほぼ完璧に順守される。このようなその実効性は、国家法には違反や脱法が実は案外に多いこと（千葉、一九九一、三〇〜六七頁参照）と比べると、はるかに高いことが確かである。よって理論的には、スポーツ固有法は、この高い実効性のゆえに国家法とも衝突をきたす、のみならず積極的抵抗に出る可能性をも潜在させているはずである。だが実際には、国家法のがわの免責理論により衝突ひいて抵抗は顕在化しないように防止されている。そのかぎりで、スポーツ固有法は国家法に譲歩をやむなくさせる内在的な力を保有しているわけである。

固有法と国家法とのこの関係は、他の下位文化である宗教および宗教法にも共通する。宗教の自由が、宗教の社会活動を適切に保護する目的でのみ一定の規制が認められる以外は、国家法により干渉されることなく不可侵の人権として尊重されるべきことは、だれも知る常識である。この点がスポーツとの第一の共通点。第二に、教会法やイスラーム法や仏教法等に明らかなように、各宗派教派は体系的に発達した宗教固有法を保有している。憲法上の人権として護られる自由には、その外にもたと

えば思想・意見・学問等々があるが、発達した固有法を持つものはスポーツと宗教以外にはない。(8)

以上の理由により、国家法がスポーツに対し宗教に対してと同様直接の統制を控えるのは、二つの理由、すなわち、スポーツが本来個人自由の世界に属すること、およびその固有法により自足的に規制されていること、とによると結論することができよう。(9)

3　スポーツとスポーツ法の政治的機能

そこで、スポーツ法がその機能においていかに国民国家形成に働くか働かないかの検討に入るが、まず作業仮説として推論されることがある。それは、スポーツ法と言ってもこの場合直接の主役はスポーツ国家法であって、スポーツ固有法は役割があるとしてもスポーツルールよりも団体協約の方であること、いずれにせよ旧社会主義諸国や第三世界諸国に見られるように国家の統制ないし規制を受容して協力する例が多いことである。以下はそのことの実証である。

スポーツ固有法が国家法に抵抗した実例は、勿論ないことはない。日本でも外国でもオリンピックをボイコットする政府の政策に対し、結局は承服せざるをえなかったとしてもスポーツ団体が反対したことはあるし、政府の法律上の圧迫を受けたスポーツ選手が外国に移住したり亡命さらに帰化したりする例が外国からは伝えられるからである。ただ今の私はそれを論ずるだけの資料を持ちあわせていないので、その点は留保せざるをえないけれども、スポーツ法は主としてスポーツ団体の決定つまり協約を通じて、国家法に対する抵抗よりもそれの支持むしろそれへの積極的協力に傾くことは、以下の諸事実からして間違いない。

　イギリスは、スポーツをその哲学とともに発展させまたスポーツの社会学ないし政治学を展開させた点、他に抜きんでている。一専門家の著書（Hargreaves 1986）を中心に他の諸書を参照してそれを概観すると、つぎの事情が知られる。その専門家の考察によれば、近代および現代におけるスポーツの発展は、本来は個人の自由を享受するレジャーであったスポーツを、社会的＝政治的権力によって〝政治化〟したことによっていた（ibid.: 8, 222–223）。この政治化は産業革命とともに進行した。支配階級となったブルジョアは、一方では、スポーツを紳士にふさわしい合理的なレクリエーションに作りあげようとし（ibid.: 205–206）、他方では、カトリック教会・プロテスタント教会・パブリックスクールおよび任意結社の奨励により、労働者の余ってくる自由時間をスポーツ活動に編成した（ibid.: 206–207; なおCoghlan 1990: 1–5; Brailsford 1991: 22 も参照）。この傾向は、二〇世紀にも商業化の進展と社会のマス化にともなって発展した。それは、支配階級の政策がスポーツに現われた見えざる手による結果として、従属階級を上層と下層、熟練者と非熟練者、男性と女性、中央と地方、青年と老人、ならびに人種別に階層分裂させた反面で、同時に階級を超える国民的アイデンティティにこれらを再統合することにも成功したからである（ibid.: 207–208）。かくて、スポーツはまさに〝国民統合の一媒体（discourse）〟である（Jones 1988: 219–220）。

　スポーツの政治的機能は、他の諸国にも見られるが実態には相違がある。たとえば、ドイツ、フランスその他若干の国では、第二次大戦中スポーツ団体による労働者の抵抗運動があったが、イギリスではなかった（Hargreaves 1986: 212-213）。アメリカでは、スポーツにおける象徴的様式性の社会的価値が疑われることなく、国民精神である〝正義・平等・ルール順守という民主主義の価値〟と同一と認める著者もいる（Johnson & Frey 1985: 261-262）。その著者はスポーツのそのような国民統合機能の意義を評価するので、それだけにその健全な機能のために〝(スポーツの)自由市場の不完全全面と政府規制の不完全全面〟との適当なバランスを維持することを要請している（ibid.: 263-264）。他の資本主義諸国でもこれと同じことが妥当するはずである。

ヨーロッパの旧社会主義諸国および相当数の非西欧諸国には、それとは著しい相違が見られる。よく知られているとおり、これら諸国の選手には、オリンピックや世界選手権大会で抜群の成績を挙げて政府の与える特別の特権を享受する者がいる。旧社会主義国のソ連・東ドイツ・ルーマニア・チェコスロバキア・ハンガリー・中国では〝スポーツが一国の国民的および政治的統合に不可欠の手段〟であったこと（Vinokur 1988: 18-19, cf. 433-436）に、異論を呈する者はいるまい。国民統合に対するスポーツのその種の寄与は、社会主義国とはやや違った理由と機能においてだが、第三世界諸国にもある。サッカーや野球・自転車などラテンアメリカ諸国の国民スポーツは、〝都市的工業的社会形態とその影響が形成する複合態の一環をなしていて〟、西欧文明の影響のもとの国家再建に寄与するとともに、〝階級ないし人種間の分断〟を先鋭化するマイナスの機能をも演じているという（Arbena 1988: 2,

5)。同様に、エチオピアやケニヤなどアフリカ諸国を含め多くの第三世界諸国が、国際競技で抜群の成績を挙げた選手に高い名誉を与えることが知られているが、それは〝地方的ないし部族的ヒーローを超える国民的ヒーロー〟を奨励するものである（Mandell 1984: 268）。

スポーツは国家法による国民統合のために以上の積極的機能を果たすのだが、その中でスポーツ固有法がとくに受け持つ役割をここで確認しておきたい。第一に、スポーツ固有法の三構成要因中スポーツ団体協約が最も直接に寄与していることは疑いない。なんとなればスポーツ人の国家政策への協力は、プレイヤー本人の自覚的意図の有無を問わずその所属する団体の意図的な政府への協力を通じてなされるからである。つぎの要因スポーツルールは、その国家からの本質的中立性によりそのような協力には本来無関心である。しかし国家政策の一環に加えられ国民スポーツとして特別な保護奨励を受ける種目は、その国に固有の伝統スポーツであれ外国からの移植スポーツであれ[10]、国家に対し少なくとも間接的な寄与をすることになろう。最後にスポーツ法理念の寄与は、二つを分けて考える必要がある。一はフェアプレーやスポーツマンシップなどのスポーツ理念だけを念頭におくと国家政策とは無縁と言わざるをえない。しかし実際には、それらも国家観念において国家法の理念と容易に結びつき、スポーツの三本質の一である象徴的様式を爆発的に高揚し国民統合に積極的に寄与することになる。他方その派生と言うべきスポーツ法理念は、安全と公正とを主とするのでその保障には国家法の支持を欠きえない[11]。よってスポーツ固有法は、なお精細に検討する余地はあるものの、約言すれば直接的にせよ間接的にせよ国民統合に貢献する可能性が大である。ところでその貢献はスポーツの国際的機能を前提とするからこそであるから、ここでわれわれは、スポーツ固有法の国境を超える国際的関連という新たな問題点を検討する必要に迫られる。

三　国民国家の上位文化としてのスポーツ法

1　スポーツ国際法の意義

従来の法学は、私が日本の研究から知るかぎり、スポーツ法の国際性には何ら注意を払ってこなかった。ではスポーツは国際性を何ら有していないか？　この質問を肯定する者はいないはずである。それどころではなく、スポーツは国際的交流が最も頻繁に行われる人間文化活動の一つであると言ってよいほどである。注目すべきは、このような交流が可能であるのは、国を異にする諸スポーツ団体間の協約および個々のスポーツの国境を超える同一のスポーツ法理念とスポーツルール、すなわち国際スポーツ固有法があればこそである。ゆえに、スポーツ法には勿論国家法の延長と言うべき国際公法も若干はあるが、スポーツ固有法こそその主軸なのである。これを詳論する前に、スポーツ国際法の唯一の図書（Nafziger 1988）の著者からスポーツ国際法の観念をきいておきたい。

すなわちJ・A・R・ナフツィガーによれば、スポーツ国際法のとくに重要なものは国際公法の一般原則とこれを補充する国際慣習法である。これらを根拠法規として内規を作り特殊国際慣習を採用することにより、具体的なスポーツ国際法が成立する。その最も代表的なオリンピック憲章は、オリンピック競技のルールを定め各国オリンピック委員会を統括する国際オリンピック委員会を組織する。そのほかにも広域的その他各種の組織が、〝厳密な法ではないが整備されて有効なルールを備えて国際スポーツに共通の価値を享受させている〟（ibid.: 32–38）。そして結論としてスポーツ国際法の概念を、〝国家を超えるスポーツ活動の政治的社会的効果を決定する、程度の差はあれそれとして明白な特徴を持つ一群のルール・原則・手続き〟と規定する（ibid.: 1）。私はこの概念を支持する。なんとなれば、スポーツ法理念・スポーツルール・スポーツ団体協約からなるスポーツ固有法をスポーツ国家法に並べる私の概念に、それが基本的に合致しているからである。

ナフツィガーの概念はまず二点で注目される。一は、スポーツ国際法の柔軟かつ動的な性質である。ある時は人種差別を排除する法のように〝硬い〟が、他では広告の商業化を規制する法のように〝柔らかで強制困難〟であり、また性差別禁止のルールのように〝発展途上〟のものも、ある特殊スポーツを禁止しようとしたルールのように〝役に立たない〟ものもある（ibid.: 215）からである。他は、〝スポーツ国際法は政治と対決する場合もきわめて有効に働く〟と言われる（ibid.: 217）ことであるが、それがつぎに検討すべき主題となる。

旧社会主義国における異常なほどのスポーツ奨励についてはさきに一言したが、東ドイツのように政府の憲法上の義務か（Vinokur 1988: 60）スポーツ法前提を取り込んだ国家政策かによるものであった。スポーツがそれほど重要視された理由は、国内における国民統合を達成するためとともに、資本主義諸国からの国際的認知を通常の政治的認知に先だって獲得するためであった（cf. ibid.: 16, 59）。この状況は、スポーツが国内政治の安定に加え国際的プレスティッジと外交の立場を高めるのに資するからであって（Mandell 1984: 269）、それに類する事実は、アフリカ諸国やラテンアメリカ諸国または中国などのように、目立つ国民スポーツを持つ非西欧諸国にも明らかである（cf. Arbena 1988）。

これに対し資本主義先進国は、支配的法理論に従いスポーツに対する政府の干渉を自制する態度をとる。ただし国際スポーツの競争心においては、前記の旧社会主義国や非西欧諸国と大差はないであろう。かくて国際スポーツは政治的イデオロギーを異にする国々の一大競争場にほかならず、ゆえにスポーツ国際法は、一定の限界のもとにではあるが、イデオロギーの相違から生ずる紛争を処理する任を果たしていることになる。国際スポーツには確かに不幸な事件もおこる。たとえば、一九七二年のミュンヘンオリンピックではブラックセプテンバー事件がありアラブのテロリストがイスラエルの選手を襲い二人を殺し九人を監禁したし、オリンピックでも一九八〇年アメリカがモスコー大会をボイコットしたのに対し一九八四年ロサンジェルス大会を旧ソ連がボイコットした。こういう例をみると、スポーツ国際法はたしてありやと疑問を呈されるかもしれない。

ナフツィガーは、こういう事件を遺憾とするだけでなく、さらに各種国際スポーツのボイコット、ヴィザ発給の拒否等々政府の干渉により紛争の生ずることを充分に承知している。にもかかわらずそのかれも、国家がスポーツを公式に利用して国際紛争を惹起する例はきわめて異例であり、反対に国際協力を促進する例がはるかに多いと認める（Nafziger 1988: 51, 99）。かれが貢献として中でも強調するのは、差別を拒否して〝人権を高揚〟したり、一九七〇年代初頭にピンポン外交がアメリカと中国の公式交渉のきっかけを与えたように〝外交関係樹立や国家承認を促進〟したりする効である（ibid.: 74）。するとスポーツ国際法のこの機能の重要性が示唆される。すなわち国際公法も、期待どおりに効果を発揮しまた変転のやまない国際関係の中で効果的に働くためには、スポーツ固有法（をはじめとしてその他の諸非公式国際法）による補助を得なければならないことである。その意味でも、スポーツ国際法は、主としては非公式の固有法によって、国際公法の下位文化を形成していると言わねばならない。すなわちスポーツ固有法は、国家法の下位文化であるだけではなく、国際法の下位文化でもあるわけである。

2　スポーツ固有法の国際性

スポーツ法の国際性は、よって、疑う余地がない。だがこの点をさらに詳論することは私が簡単に言及してすむことではないので専門家に任せざるをえないが、スポーツ固有法の本質にかかわるつぎの点だけ一言しておきたい。

国際性は、実際にスポーツ固有法の顕著な特質である。この性質は、一民族に固有のままで移植されないスポーツは別として、外国に移植されたスポーツにはその本質として必ずともなう。なんとなれば、そのスポーツルールとスポーツ法理念が外国に移植されたことにほかならないからである。移植スポーツでは、スポーツ行事に参加しているプレイーヤーは当然のこと観衆もマスコミを通じてこれを楽しむファンまで、その本人たちは意識しないままでも、実は共通のスポーツルールに外国のスポーツ人とともに国境を越えて服しているのである。スポーツ団体協約も同様で、形式上は国家を異にする団体が当事者となって締結するものである点で国際性が明白であり、しかも実質的にスポーツ行事の規準法として当然のことながら国際スポーツルールを採用する。スポーツ固有法は、かくて国際法の有力な一下位文化である。

スポーツ法の国際的下位文化性が上述により確証されたが、そうだとすると、それと国内スポーツ法との機能上の関係を理論的に確認しておく必要が現れる。なんとなれば、本章本来の主題は国民国家形成という国内問題であるにもかかわらず、別の話題と見える国際性をここに主張する以上、その根拠と意義を一面からでも説明することを要請されると考えるからである。

この問題提起の第一の意味は、スポーツ国際法は公式法であれ固有法であれ、国家法と固有法とを含む国内スポーツ法の「上位文化」をなすことである。そうである以上は、スポーツ国際法の上位文化としての性質を追求することが求められよう。だがそれにも論点は多くしかもいずれもまだ未知の処女問題だから一挙にそれに迫るよりも、私は多元的法体制論を来る新世紀のポストモダン法学を開く尖兵と理解してその研究に従事してきたので、その点から見た問題性だけにしぼって所見を述べて専門家による今後の検討に資したいと思う。

スポーツ国際法は、確かに国際公法の一部をなしてはいるが、国際公法の概論ではほとんど言及されることがないほどその比重は軽い。その大部分かつ中心部分は非公式のスポーツ固有法であり、宗教固有法と同様に国家主権が直接干渉しない世界で定立され実施されている。ゆえに正確に言うと、それは〝国家間（inter-national）法〟ではなくむしろ論者の言う〝超国家（transnational）法〟であり（Nafziger）、私に言わせれば世界市民の共通法（a common law of world citizens）である。その意味で、国内スポーツ法に対しては、スポーツ国際法は国際公法とは別世界の上位文化として現に有効な法体系をなして存在している。

ただしスポーツ法の国際性については、注意すべき点がある。現在多くのスポーツがそれぞれ特有の固有法に基づきつつ世界的に行われている。だがスポーツの種目のすべてが世界の各地に同じように行われているのではなく、普及度はむしろ種目ごとにまちまちである。そこで私の「固有対移植」のダイコトミー（注（10）参照）を適用すると、すべてのスポーツは、過去において本来は一部族ないし民族の固有文化として発生し、相当多数は現在でも伝統スポーツのままだが、また多数のスポーツはそれぞれの固有法にある程度の改変を加えつつ外国にも移植されて現在に至っている、という事実が注目される。そこに二つの傾向が明らかである。一は、どの国民も、外国固有のスポーツを移植する場合は自覚の有無にかかわらず可能な多数の中から選別しているから、結果として一種目の移植は世界各国で不平均になされる。いずれにせよ、移植スポーツも、時にはラテンアメリカ諸国のサッカーや日本の野球のように「現代国民スポーツ」と言われるほど移植地に同化することもあるが、他方では、スペイン・バスク地方のペロータや日本の相撲のように、移植されることがほとんどかまったくなくて「伝統国民スポーツ」として残る固有スポーツもある。

そこには、国民文化がいかにスポーツの発生と発展に深くかかわるかが明白に示されている。要するに、一方では、一国民が外国のどのスポーツを移植するか、そして移植の過程でこれをいかに同化するかが、また他方では、自国の固有スポーツのどれを保存するか、そして環境の変化に応じてこれをいかに適応させるか、とくに国際化に対応するかが、その国の文化の性質によって決定される。国民国家にとっては、前者はスポーツおよびスポーツ法の上位文化の面であり、後者はその下位文化の面である。かくて、スポーツがこれを構成するスポーツ法とともに、国民文化の下位文化かつ上位文化である本質を有することが、疑う余地なく結論される。

(1)　ただし注(4)を参照。また、本章の英文初稿を発表した当時は未知だったが本訳稿の準備中諏訪伸夫教授の教示によると、すでにスポーツ法の国際学会が結成されているという(現在は、国際スポーツ法学会として活動している)。

(2)　本節と次節の骨子は第1章の要約にあたる。ただし本章には新資料、新観点も加えられている。

(3)　もう一つの目標と私が信ずるのは、外国法を移植して多元的法体制を形成した国民とくに非西欧諸国民を正確に理解するために、法の受範者の主体的な立場と心理を洞察することである。千葉一九九八

a、二章を参照。

(4) スポーツ固有法が国際学界で取りあげられた一例を、私は最近知った。スペインのオニャティに一九八九年設置された法社会学国際研究所が、一九九二年その関係者に法社会学のテーマを問い合わせたさい、計二七三のキーワード中に、スポーツ固有法・スポーツ団体法・スポーツルールの三があげられたのである。その三つとも内容的には私のものと大体一致するので、その点は心強い。ただ相違が二点ある。一はそのスポーツ団体「法（law）」を私は「協約（agreements）」と言うが、これは名称だけの違いだから問題にする必要はない。他の点は、スポーツ「固有」法を、それはindigenousと、私はspecificと表現することである。indigenousは〝特定固有文化に淵源する〟の意味だから伝統スポーツをさすのに適し、specificは一般と対照される特殊を意味するから公式に対する〝非公式な〟にふさわしい。この考えに従って私は英語の両概念を区別して用いる。

(5) 私的自由を護る人権は、理論的には国家法からは中立の立場に立つ。しかし実際には、中立も積極的抵抗をせずにいる場合は国家法を支持する機能を演ずる結果になる。スポーツの中立性もそれに該当する。

(6) 「公式法対非公式法」は、私の理論枠組み、「アイデンティティ法原理」のもとにおける「法の三ダイコトミー」のうちの一つである。これらの概念についてくわしくは、千葉一九九八a、三章、Chiba 1989: 177-180を参照していただきたいけれども、念のため一点付言すると、公式法の典型は国家法だが、それ以外にも国家法が公式に承認するかぎり自治体法・宗教法その他をも含む。他の二ダイコトミーは、注(10)と(11)で述べる。

(7) ホーベル（E. Adamson Hoebel）は、一九五〇年以前にアメリカ民族学会長を、その後にアメリカ人類学会長を勤めたアメリカ人類学界の最長老で、とくに法人類学では世界のリーダーであったが、一九九三年七月二三日に八六歳で死去した。私の法人類学の恩師である。

(8)　共通点にはもう一つある。それは国際性で、次節でスポーツのそれを論ずる。

(9)　だが他方で両者の相違点にも留意しておく必要がある。その一は基本形式で、民主主義国ではどの憲法も宗教の自由を明言しているが、スポーツの自由については憲法上不文のままで確立した法原理ないし法学理論によっている。二は具体的規定で、各国により規定の仕方は異なっており、日本では、宗教団体の活動に規制を与える一九五一年の宗教法人法、およびスポーツ活動に対する政府・自治体の援助を規定する一九六一年のスポーツ振興法が、それぞれ規準法となっている。三は機能で、国家政策に抵抗する傾向をより多くもつのはスポーツよりも宗教である。

(10)　「固有対移植」は私の三ダイコトミーの他の一の「固有法対移植法」の応用である（注(6)参照）。くわしくは千葉、一九九八a、三章、Chiba 1989: 178-179を参照していただきたいが、移植法も長い歴史の間には同化して固有法化する場合のあることを念のため付言しておく。

(11)　「法規則対法前提」が最後のダイコトミーである。くわしくは千葉一九九八a、三章、Chiba 1989: 178を参照願いたいが、ここにも一つ付言点がある。近代法に属する国家法では、法前提（一般には法理念ないし法原理と言う）は充分に整備された法規則の体系に内在すると解されているから、超法規的処理を認めなければならない場合その他例外的事態以外には考慮する必要が少ない。しかし宗教法や第三世界の多元的法体制などのように、法規則が一見整備されているように見えてもそれを修正する上位の前提ないし理念をしばしば援用する法体系では、この法前提の重要性がそれだけ増大する。法規則が整備されていない部族法・ギルド法・地方慣習法等々では、不動の準則と信じられている法前提に依拠する比重が大きい。

補注

本章の初稿は、東海大学社会科学研究所主催により一九九三年三月デンマークの同大学ヨーロッパセンターで開催されたシンポジウム〝Nation Building and Sub-Culture〟に提出されたペイパーで、その後同所発行の『行動科学研究』（英文版、1994-3）に掲載された英文の Chiba 1994 である。スポーツ法はスポーツの本質的要因として、シンポジウムの主題である「国民国家形成」の一要因である国家法との間にも一定の関係を持つのでまずそれを考察したが、ついで国民国家を超える人類共通法としてのその意義にも言及せざるをえなかった。この点を含め新しい資料による主張を盛りこんでいるので、その趣旨にしたがって題名を変え千葉一九九四として翻訳したものである。

第6章　スポーツ法の紛争処理機能

一　問　題

1　紛争と事故

本章は、「スポーツにおける紛争と事故」と題された総合テーマ（補注参照）の一半を担うものである。この総合テーマの根拠は、紛争と事故が、ともにスポーツの順調な進行を妨害する代表的な要因で、しかも他の諸要因（たとえば関係者の反対や外部の圧力、自然の悪条件や災害等）とは異なる共通性があることであろう。その共通性とは、紛争も事故も、予測があるにせよないにせよ望まない事態として発生してスポーツの順調な進行を妨害し、時には相互に不可分の因果関係があり、ゆえにその完全な予防、それができなければ敏速な事後処理が要請され、しかもこの要請に応ずる賢明で適切な規制が現実に可能なこと、等であろう。

この規制を担当する社会規範は、観衆の行動やファンの態度については、主として道徳と慣行が働らき、その背後に従として国家法がある。これに対しスポーツの核心であるプレイヤーのスポーツ行動については、直接にはスポーツルールとスポーツ法理念（安全と公正とで私の本来の用語ではスポーツ法前提）が、また間接にはスポーツ行事の根拠であるスポーツ団体協約があるが、そのいずれの背後にもやはり国家法がある。スポーツにとっては、国家法は最後の砦ではあるが第二次的で、上記三種のスポーツ固有法が第一次的である。その上国家法による規制はとくに民法の機能を通じてよく知られているので、本章の主問題は、スポーツにおける紛争と事故に対し第一次の規制を担当するスポーツ固有法の機能を問うことになる。

しかし、今ここで際だつ成果をあげることは困難である。何よりも、事故については無数の報告や論議が学界に提出されているが紛争については少なく、まして両者を総合するものには参照できる研究の蓄積がない。また、紛争と事故とはしばしば因果関係にあるが論理的には無関係である。故に両者を一括する論議には両者の相違点の解明が前提となるがその研究も学界に蓄積がない。よってここで可能かつ有効なのは、紛争と事故を一挙に論ずるよりも、その今後の発展のために基礎作業を着実に積みあげることである。

そこで、紛争と事故を将来は一括して考察すべき展望を持ちつつまずは両者を別に扱うことも、そのような基礎作業の一つに違いないであろう。本大会では幸い他の基調講演が事故を扱うので、私は紛争を扱うことにしても意味があるであろう。そう理解して私の主題を紛争に限定することにする。

2　スポーツに関連する紛争の問題性

よって課題は「スポーツにおける紛争」となるが、これを「スポーツに関連する紛争」と広く解したい。前の表現は通常は狭義で、特定スポーツ進行中の紛争とその前後の混乱現象（たとえば格闘）を意味する。その種の紛争が問題の典型には違いないが、スポーツにかかわる紛争と広く言えば社会にははるかに多くある。たとえば、スポーツの運営をめぐって関係者間であるいはスポーツ団体の内部や相互間で、さらには関係する行事・施設・政策等をめぐっても関係者間で、さまざまの摩擦・対立・葛藤・紛議・衝突が現実にしばしば起こり、また社会現象としては世論あるいは統計に現われる潜在的なものもある。それらの中には、法律学がしているように紛争の概念を狭く限定すると除かれるものもあるが、スポーツ文化があるからこそ生起する社会秩序の混乱は、スポーツ社会学の視点からはすべて無視できない。私は、スポーツに関連するかぎりすべての社会的紛争を対象としたいと考える。その有効な考察は社会的紛争の理論に基づかねばならないが、日本の学界にはその理論に共通の定説を作りあげるほどの関心がないので、私自身の紛争理論（千葉一九八〇）を検証しつつ修正する形でスポーツ紛争論を進めることにする。(1) そのための諸関係概念を以下の規定に従って使用する。

紛　争＝「社会秩序に生ずる混乱」の総称つまり「社会的紛争」である。以下の三基本類型に大別される。

対　争＝「二当事者が相互の支配する価値を奪いまたは守るための攻撃防御」。この諸下位類型中言語による「争論」には、実力行使抑制という共通の規範が前提として働いていることに注意。

競　争＝「数えられる程度の複数の当事者が外部にある特定価値の優先取得を争うこと」。ここには、すべての当事者が特定価値を尊重することと相互の攻撃を抑制することとに、すでに共通規範が働いている。

混　争＝「数えきれないほど多くの当事者が特定の目標があってもなくても生ずる混乱」。

法的紛争＝「権利義務に関する紛争」。国家法上とスポーツ固有法上との二形。

法律的紛争＝「国家法上の法律的紛争処理制度になじむ紛争」で、条件が法律上限定されている。

スポーツ紛争＝「スポーツに関連する社会的紛争」の総称で、次ぎの二種にわかれる。

スポーツ内紛争＝「スポーツ固有法で処理される紛争」。社会的紛争の特殊例。

スポーツ外紛争＝「スポーツ固有法では処理されない紛争」。典型的な社会的紛争。

紛争処理＝「紛争による混乱の制御と秩序の回復をはかる社会的対応」。

紛争処理手段＝「紛争処理に有効な個々の手段」。社会的と法律的とがある。

紛争処理制度＝「紛争処理手段中、社会制度あるいは法律制度として整備されたもの」。

二　スポーツ紛争の諸形態とスポーツ法の関与

1　紛争の諸形態

スポーツ紛争の網羅的な具体例が必要なのだがそれが学界に用意されていないので、私がここ数年間に集めていた新聞紙上の関係記事を主な材料として、スポーツ法がいかに関わるかを検討すると、紛争の三基本類型ごとに以下の概括が得られる（対争形態は重要なので別に次項で扱う[2]）。

まず混争形態では、スポーツ行事の進行中に応援団や観衆などのファンまたは反社会的集団が会場を混乱に陥れる紛争（例、競馬場や競艇場での混乱、フーリガンのサッカー場攪乱、ベルリンオリンピック大会のブラックセプテンバー事件等）と、行事の後にファンが興奮して引き起こすものがある（例、かつての早慶野球戦後の街の騒ぎ、ブラジルで九四年ワールドサッカー優勝の祝い酒で二七人死亡の事件等）。その前者には、会場管理やファンのマナーに欠陥がある場合はスポーツ内紛争としてスポーツ固有法中の団体協約と法理念を考え直す課題が残されるが、それだけでは処理しきれない場合が多く、まして他の固有法であるスポーツルールには無関係である。後者は疑いなくスポーツ外紛争である。よって両者ともに国家法の対応が期待されるが、一般的には一時的な過熱が醒めれば事件は自然に収まるから過度の対応は適当でない。ただし過熱の原因ないし誘因にはスポーツの本質的三要因（第4章一と第7章を参照）の一である特有の象徴的様式が作用していることを留意すべきである。

つぎの競争形態を考察するには、三つの意味があることをまず区別する必要がある。一はスポーツそのものが競争だという意味である。すべてスポーツは、形としては二者が対抗する対争形態と多数が争う競争形態とに分類されるが、その前者も実は後者の形態に転化されている（この点は重要なので後に詳述する）。故にスポーツはすべて競争の形で行われるのであるが、上述のように象徴的様式を他の二要因（一定の規則と身体行動による競争）により規制することにより、社会的競争を変質しその反社会性を合法化するどころかむしろ奨励されるものに転化して秩序現象とするものである。ゆえにこの意味のスポーツは、むしろスポーツ本質論の問題で紛争論の外に出る。

二はプレイヤーやチームまたはファンの相互間に起こる競争である（例、選手間のポジション争い、チーム間の勝利の争い、ファンの喧嘩等）が、これもスポーツにはむしろ必然的現象したがってスポーツ内紛争であって、行き過ぎは社会問題になり（例、しごき、優秀選手の引き抜き等）まれにスポーツ外紛争に発展することがあっても（例、フィギュアスケーター・ケリガンの事件等）、前者同様に紛争論よりむしろスポーツ本質論の問題である。

三がスポーツ団体がかかわる競争で、スポーツ行事の開催地（例、オリンピックや国体の招致等）、賞金・賞品の額（例、冠大会等）、会場施設の整備改善（例、競技場・サッカー場の建設改良等）、等の競争、あるいはスポーツ団体の内部に起こる人事や運営をめぐる競争、などがある。大部分は関係団体の方針にかかわって生ずるから、スポーツ団体協約により処理されるスポーツ内紛争にとどまり、スポーツ法理念からする争論が時に起こることがあっても重大なスポーツ外紛争に至ることは稀である。

2　対争形態の紛争

A　契約に関わる紛争

スポーツは、純個人的な場合もあるが社会活動としては、団体の一員としてかつ団体協約による行事として行われるから、そこには何らかの契約が前提となっているはずである。しかしその契約は、アマチュアでは慣例に従うか口頭か黙示によるのが通例で意識されることが少なく、問題となるのは後述Bの事故が起こり指導者・管理者・ボランティアなどの責任が問われてからである。プロやセミプロにはフォーマルな契約が締結されるので法的紛争が起こるのもやむをえない。しかし日本では稀で（例、江川選手の巨人軍入団問題等）、そこに弁護士の関与を忌避する傾向など日本的傾向性も問題として現われるので、よき慣例と契約方式の樹立をはかる課題も見える。ここにスポーツ法学の任務が示されている。

B　事故に基づく紛争

スポーツの進行中に事故が生ずると、主催者・管理者はその原因を究明し責任の所在を確定し事後処理をする責務を負う。事後処理としては、ルールに従う審判の決定あるいは団体協約による管理者の裁定という形で、スポーツ固有法の適用により終結することが比較的には多いであろうが、責任の帰属したがって処理の仕方につき見解が対立し発展しては法律的に争われることもまた時に起こる。

これは、従来のスポーツ法学が最大問題とするところで研究は蓄積され成果もある程度は上っている。そうであるだけに事故そのものの予防は勿論法的責任問題を賢明に処理する方策の事前の徹底とくに教育がスポーツ界に要請されていること、ゆえにスポーツ法学はこれを特別に重視し予防法学あるいは応用法学の実効を上げるべく要請されることも、自明ではあるが付言しておく（斎藤他編一九九三や中田二〇〇一のような企画が組織的に進展することが望まれる）。

C　スポーツルールに関する紛争

スポーツルールについては、改廃と適用にあたって紛争が起こりやすい。ルールの改定が歓迎され問題も紛争も生ずる余地のないこともあり（例、身体障害者のための野球やバスケットボール等）、意見の対立は起こっても当事者の自制により紛争にまで発展しないことが多い。たとえば、スポーツの進行方法（例、野球の時間短縮、サッカーでサドンデスの採用等）、用具・施設（例、カラー柔道着、野球場の広さ等）などについてはそうである。

深刻な紛争に発展しやすいのは、ルール適用に強硬な異論が提出される時および確立しているスポーツルールを団体協約で改定しようとする時である。実際に頻繁なのは、現行ルールに違反する行為つまり反則あるいは反則の有無をめぐり、監督やチームが相手チームや審判との間に引き起こす紛争である。しかしこの種の紛争の大部分は、抗議や殴りあいの場合のようにジャッジの問題として審判の決定により即座に、場合によって事後に関係団体間の紛争になるときでも上部機関の裁定により処理されるから、スポーツルールまたはスポーツ団体協約の適用の問題にとどまる（例、野球・サッカーその他の審判、大相撲の物言い、ボクシングの判定問題等）。よって正確に言えば、これらの紛争は当初はルール違反で発生するがやがてルール順守で処理されるから、スポーツ内紛争ではあっても社会的紛争ではない（違反を処理するルールを発達させていることはスポーツ固有法の特色である。後述）。

それが社会的紛争であるスポーツ外紛争に発展するのは、とくに資格問題に関しスポーツ固有法による最終判定に不服な当事者が依然抗議を続ける場合である。諸スポーツにおけるアマプロ問題ひいてオープン化の問題、出場資格の有無（例、杉並の野球チームの出場停止事件、千葉一九九二b、六八―六九頁参照、ケニアの世界記録保持者の国内予選をへない国際競技会出場要求等）、国籍の条件（例、高校諸大会に外国籍生徒の参加、かつての南ア選手の国際試合参加拒否等）、薬物使用（例、ジョンソン、レイノルズ、クラッベ、マラドーナ、東独や中国の選手の問題等）や不正行為（例、競艇や競輪等での八百長や買収等）あるいはそれらの疑い（九三年世界陸上選手権大会でのペースメーカー、ソウルオリンピックでのボクシング審判等）とそれを理由にする資格停止・除名や名誉剝奪など、例は多い。しかしこれらの紛争も多くは、やはりスポーツ法理念かスポーツ団体協約の機能により自主的に処理され、紛争が社会的そして時に法律的にまで発展するのは、資格剝奪・国籍と犯罪の問題にほぼ限られている。

同一スポーツのルールが矛盾して紛争に至ることはスポーツの性質上通常はありえないが、これを適用・管理する団体が異なると紛争になることがある（例、辰吉選手の拳闘安全ルールで国内と国外の対立等)。ルール間の矛盾は異種のスポーツ間では問題を起こすこともあり(例、狭い運動場で競合する数種のスポーツ練習による事故と紛争、一競技場をサッカーと陸上の両用に作る時の規格の問題等)。しかしいずれにしても、関係者の合意で処理できるスポーツ内紛争にとどまり、その外に出るものはないであろう。

D　スポーツ団体に関する紛争

スポーツルールに関する対争として上に述べた諸例には、実はスポーツ団体協約が直接間接に関係することが明らかである。このことは、換言すればスポーツ団体を一方または双方の当事者とする対争が多いことを意味する。スポーツ団体が社会的存在と活動によって紛争に捲きこまれることも、一つの社会的必然なのである。スポーツ団体の内部で、選手が指導方針や待遇について指導者またはチーム・団体との間に起こす紛争は、だれでもただちに思い浮かぶほど例が多く、それが選手団と団体管理者との集団的な紛争に拡大し社会的にも大きな話題になることがある(例、戦前の大相撲で天龍らの起こした改革運動、アメリカ大リーグのストライキ等)。また団体の人事や運営方針をめぐっても団体内部には対立や紛争が起こることも、しばしば伝えられるとおりで例示するまでもない。

スポーツ団体の相互間では、いわば並立する団体の間で(例、チーム間の選手の引き抜き、アマとプロの対立等)、連合体の中で上部団体と下部団体との間で(例、大正の末年に大日本体育協会の改組に至った一三校問題〔森川一九八〇、二四―四〇頁参照〕等)、やはり起こることがある(国際関係における団体間の紛争はGで触れる)。時には団体とファンとの間に起こることもある(例、川崎ヴェルディの移転騒動、任天堂の大リーグ・マリナーズ買収騒ぎ、文部大臣が大相撲の女性差別に異論提出等)。しかしそれらの対争がスポーツ外紛争まして法律的紛争に発展することはまれである(例、前引の一三校問題)。

E　環境に生ずる紛争

スポーツは、大衆化するにつれてこれを囲む社会環境との間に問題を引き起こすことも多くなった。その典型が、スポーツが公害源となりあるいはそうだと批判される場合である。これには、騒音と交通渋滞をはじめとして、ごみ・夜間照明・はずれボールその他スポーツ行事中のいろいろの影響が近隣の平穏を乱す事件ひいては紛争がある。行事に先立ちスポーツ施設の建設にあたっても、自然破壊(例、とくにゴルフ場等)、土地の汚染(例、芝生保護の除草剤によるもの等)、道徳的影響(例、競輪場や競艇場の建設等)その他、環境破壊を理由とする反対運動者が建設者と紛争に陥ることが多く時に社会的紛争ともなる。施設建設の自主規制をめぐるものは例は少ないがある(例、ボクシング全日本協会がジム建設に近隣ジム三軒の同意を必要としていた規定が九三年独禁法違反として訴えられ撤廃されたこと等)。

その他にも、施設の構造・利用をめぐって管理者と利用者との間に(例、野球場など公共施設の利用についての苦情、谷川岳の山小屋の色につき登山者の不満等)、スポーツの隆盛にともないマスコミで(例、放映権の奪いあい、撮影による人権侵害の抗議等)、などいろいろある。だがこれらは概して、むしろスポーツの効用がある(例、サッカーによるまち興し等)からこそ発生し結果はスポーツ内紛争として落ち着くところに落ち着くのが通常である。

それらと違いスポーツの存在意義にかかわる紛争もある。スポーツそのものが安全や環境を害する場合（例、立山や尾瀬の入山規制問題、海水浴場の安全規制問題等）や、地元の産業と衝突する場合（例、マリンスポーツと漁業等）などである。ここには、単に規制だけの問題ではなく、スポーツ哲学の社会的確立が要請されている。

F　公的規制に関する紛争

スポーツの環境や存在意義の問題となると、国も自治体も公的規制を考慮せざるをえなくなることは上述の事例からも知られるであろう。するとそこに規制の可否あるいは態様が議論の的になり言論による紛争つまり争論を発展させることになる。だが問題はたとえばスポーツ基本法などの国家法ないしスポーツ政策に関するから、別の議論を待つべきで本章は立ち入ることを控える。

ただ参考になることを願って拾いあげた若干の例だけあげておこう。自治体はスポーツ行政に権限を持つだけにそれが紛争の理由となる場合もある（例、一九七〇年まで一〇年余の大田区市民の総合運動場開放要求〔森川一九八〇、一九三―二〇七頁参照〕等）。国にも同様の事情と問題があるが、立法権と外交権に関するものとしては、たとえば、スポーツ報奨金への課税の可否（例、五輪メダリストへはＪＯＣの申請に反して課税等）、スポーツくじの問題（例、サッカーくじ法等）、外国人の処遇（例、九四年マラドーナの入国拒否、同年アジア大会に台湾総督招待拒否等）がある。特定スポーツを禁止する問題も、外国にはあるが（例、九四年にイギリスでボクシング禁止法案と狐狩り禁止法案等）、日本にはない。

以上のような諸紛争も、多くは議論の対立つまり争論であり決定権は公的機関にあるからそれで終結するが、政治的決定が困難で紛争が長引くことは国際的紛争にある。

G　国際的紛争

国際的なスポーツ紛争はむしろ常識的に起こる。国際大会のボイコット（例、オリンピックを米ソが、等）と参加拒否（例、南ア選手に対し、等）が代表的である。それら事例の政治的原因は現在では改善されたが他の原因では再発しないとは言えない。その上、ルールの改定（例、前出カラー柔道着、スキー複合の採点方法等）、国際的行事への出場（例、ドーピング・麻薬常習者の拒否等）と開催（例、オリンピック、サッカー世界大会等）、等々にしばしば紛争が見られる。それがスポーツ外紛争に発展する場合は国際政治か国家規制の問題である場合が多く、他はスポーツ内紛争でスポーツ固有法の規制で処理されるか、情報不足または誤解で生じ紛争は一時で終わるかである。(3) しかしスポーツは国際関係では、紛争の原因となるよりも改善発展に貢献することの方が顕著で、ピンポン外交の例を引くまでもない（例、九四年ワールドサッカー中ルワンダの内戦を休戦、同年アンゴラのオリンピック休戦を国連が決議、ジーコが鹿島の名誉町民となる、等）。

3　スポーツに関連する紛争の性質

以上はスポーツに関連する紛争の当面の概観にとどまるが、紛争に対するスポーツ法の役割についてはおおよその状況が知られたであろう。すなわち、スポーツに関連しては紛争が頻繁に生ずるけれども、大部分はスポーツ固有法の規制によって予防・処理されるスポーツ内紛争であり、それをこえて社会的問題ひいては法律的問題というスポーツ外紛争にまで発展するのは、主としては資格問題か事故・犯罪かに限定されている。その間に明らかな事実は、社会的紛争をそれらに限定するスポーツ固有法の、非公式だが法として効果的な機能である。スポーツ紛争がマスコミの話題となるのは、紛争が深刻だからというよりスポーツに本質的な象徴的様式性とは異質な現象だからと言うべきである。

そのスポーツ固有法の機能は、まずスポーツルールが、スポーツの条件と進行規制とを厳密に規定するだけでなく、ルール違反があってもこれを審判の決定により即座に反則として処理するルールにより合法化するという特色を有する。つぎにスポーツ団体協約が、団体の組織と運営を明確に定めて、紛争処理制度そのものは法律的制度のほどには整備されていないとしても、管理責任を明確にすることによりルール違反や紛争を予防し処理する体制を一応整えている（ゆえにその不整備が時に問題を生ずる）。そしてスポーツ法理念は、スポーツ人が紛争を予防すべきこと、そして万一紛争が生じたとしても当事者が自制してただちに処理すべき趣旨を鮮明にしている。このような法構造は、スポーツを可能にする固有法が、組織規範のもとに行為規範と整序規範との重層構造[4]とを備えていることを意味し、ゆえにそれは法として宗教法[5]と並ぶほど整備されていることを実証している。

スポーツ固有法は、その意味でスポーツ内紛争を処理する第一次の法であるが、実はそれ以上の紛争処理機能を持つ。それは次ぎのとおりスポーツの本質を反映している。

三　スポーツの本質と固有法の機能

1　スポーツ固有法の紛争理論としての特色

スポーツの全面的な本質論はさておき、スポーツの原点が格闘技であることが、紛争理論からすればまず出発点となる。格闘は、社会的紛争としては対争形態の中で集団間の戦争と並ぶ個人間紛争の主要形態であるが、相手に打ち勝とうとする格闘者の行動と心意は競争形態の競争者にも共通するから、格闘精神をもってする特定行動が、対争形態（例、相撲・拳闘・野球・サッカー等）と競争形態（例、各種の試合・競技・大会等）とを問わずすべてのスポーツに基本的な本質をなすと言えよう。(6) この格闘を単なる肉体的闘争にとどまらずにスポーツに転換させる価値的要因が、技倆を競争する儀礼性という文化価値である。技倆はスポーツプレイヤーあるいはチームの体得する技術・技能・技芸、戦術・戦略の総合で、儀礼性はスポーツ行事がルールの実践を通して顕示するシンボル的行動であり（大林一九八六参照）、ともに広義の芸術性を帯びる。この両価値をあわせて実現しようと努力することでプレイヤー本人は満足し、観衆・ファンは優劣の差を比較し両価値を観賞する。このような特定行動様式の価値を理念とすることがスポーツ行事の決定的な特色である。

一般の社会的行動についても理念は多様に創りだされ、たとえば道徳と宗教はその代表でいずれも凡人には実行ができないほどに高い理念を設定する。これと対照するとスポーツは、その点では共通だが、個人内心のあり方よりも具体的行動で、また価値そのものよりもその実現への主体的努力と客観的比較を重視する点で異なる。社会関係を一般的かつ最終的に規制する任務を負う国家法は、その理由によってこれを普通人を基準として行うので普通人が実行できないほど高い理念を強制することはできない。スポーツ行動の理念は、個人スポーツや市民スポーツでは本人の満足が他人との競争に優先するとしてもこのスポーツ理念を何ほどかは含み、まして競技スポーツでは生命の危険を冒すほどにも理念は高くなる。これを可能にしかつ規制するのがスポーツ固有法で、ここにそれが道徳・宗教法とも国家法とも異なる特質および意義がある。

　そこで、紛争理論からするスポーツ固有法の本質的意義が示唆される。すなわち、スポーツ固有法は、社会的紛争の基礎的形態である身体的対争すなわち格闘を、スポーツ法理念のもとに技倆を競争して儀礼性の発揮をめざすスポーツ行動に変換し、同時に、それを可能にする行為規範とスポーツ内に生ずる紛争を予防・処理する整序規範とをスポーツルールに体系化し、そしてそれを実行するために組織規範として団体協約を派生させ、かくて分化と総合により組織的な体系を発展させた。それは法としては、人間活動としては限られた一面であるスポーツを、実際に世界で参加する人数としては膨大な社会活動として展開することを可能にさせ、しかもその中に紛争処理の規制をも含んで法体系として創造したものである。勿論、その紛争の予防・処理機能に完全はありえず、それが規制しかねる紛争も社会の話題を賑わすほど発生し最後は国家法に依存せねばならぬことも少なくない。しかしルールが厳正でよく順守されることおよび紛争の予防・処理の機構・機能があることは、社会に非公式ながら自主的に存在する人類の法としては宗教法と比肩し、その結果である社会秩序への貢献度はそれに勝るとも劣らないと言ってよいであろう。

２　社会的紛争処理制度の発達

まず社会的紛争処理の一般理論からここに関係ある要点を拾い出しておく。第一に、秩序（法）と紛争の連続性理論、すなわち紛争と紛争処理とは学問上は別問題・別概念として取り扱われるが社会の実在としては同時存在だという事実がある。人類の歴史では、人は紛争と言えばこれを罪悪視し鎮圧しようとする観点がまず働くが、他方では紛争も現状の批判改善のためには有意義むしろ必要とする観点もある。この矛盾する両観点を調整させるために社会の知恵が働いて、生じた紛争を鎮圧するにしても、まずは周囲と当事者に及ぼす禍害を抑止するための規制を加えた上で紛争を継続させ当事者による自主的な終結ひいては現状の改善をはかることにした。その方法が紛争処理手段である。したがって、社会に現実に生ずる紛争はすべてが何らかの形における社会的規制すなわち社会的紛争処理手段の適用下に発生・進行する。社会的紛争はその処理手段と同時存在なのである。(7)（以上、千葉一九八〇を参照。）

この処理手段が慣行として自覚・整備されたものが、社会的紛争処理制度である。ゆえに紛争規制の手段が社会に成立発展することは紛争と紛争処理手段との両者をあわせた制度化にほかならず、換言すれば紛争処理制度は紛争を一定規制下に進行させる紛争制度にほかならない。問題は、その制度がどの程度確立していて有効かである。歴史が長く広汎な人類社会には紛争処理手段の事例が無数に生まれ、その中には実効性も小さく制度などとは呼べないような未熟なものもあったが、人類学と法史学は有効な手段ないし制度の実例を数多く報告している。以下のとおりである。

まず制度の萌芽と言うべきものに、干渉せずに当事者の覚醒を待つ、紛争行動を棚上げして冷却させる、等から、実力行動は止めさせる、紛争を止めるように影響力ある人が勧告する、等がある。ついで初歩の制度として、やってよくない紛争には否定的サンクションとくに刑罰を課し、やってよい紛争には自救とくに復讐を認める。ただし「目には目を、歯には歯を」のタリオの原則をたてる、等の古代的未開的なものが成立した。そしてのちには、個人の決闘や敵討などあるいは政治権力の戦争と和約など中世的ながら明確な制度が発達し、紛争の制度化が進行して紛争処理制度を確立させるに至った。

それは同時に、紛争の儀礼化すなわち紛争を相互の危害をなくして儀式儀礼の形にとどめる傾向でもあった。それとしては、部族間の紛争を戦争形式の儀礼ですませ祝宴で和解する、危害目的の紛争を力・知恵・遊戯・演芸そしてスポーツ等の競争に替える、などさまざまな形が発達した。他方当事者の話し合い、部族や階層の長老による裁定、実力者や権力者の介入等が、社会の総意または権力者の意思として社会的制度に定着した。かくて制度化と儀礼化を具えた諸社会的紛争制度が発達し、その中から近代国家によって練成された制度が、裁判を典型とする法律的紛争処理制度である。

3　スポーツ固有法の紛争処理機能

そこで以上の社会的紛争処理手段ないし制度の中でスポーツ固有法の占める位置を確認するのだが、まず明らかなことは、スポーツ自体がその固有法をもって社会的紛争を儀礼化して合法的紛争とする一種の制度すなわち紛争処理制度そのものである事実である。

明らかには見えにくいが重要な事実は、スポーツが社会的対争を規制の行きとどいた競争に変換していることである。社会的対争の目標は両当事者の支配する価値であるのに対し、対争形態のスポーツでは目標が技倆の優劣ないし勝利という両当事者の外部にある価値に、すなわち反社会的な紛争が社会的な競争形態に転換されているので、対争の競争化である。そしてその規制は競争形態のスポーツもあわせてほぼ完全に行きとどいている。この点で、スポーツそのものに対争形態と競争形態とを区別することは本質的には無意味である。ただしそれは当然にスポーツが固有法の充分な規制の下にある場合で、固有法によって処理できない紛争には社会的紛争として両形態の区別が有意義となる。[8]

同じように目立たないが、紛争処理のためにスポーツ固有法が内包する重要な機構がある。メンバーチェンジのルールもその一つだ（中村敏雄一九八九参照）が、それよりもここに深くかかわるのが、多くの違反を反則として処理して正常な進行の中に組み入れてしまうルールを発達させたこと、すなわち反則ルールである。このルールは、その本来の道具的機能とともに、違反スレスレの行動のスリルとそれを裁く審判の処理の技倆によりスポーツの儀礼性を高める象徴的機能を持つ。

それらに加え本章では言及できないでしまったが、あるであろう紛争処理機構によっても処理できないほどのスポーツ紛争は、関係団体の団体協約による手続に従って処理され、それでも処理しきれないものだけがスポーツ外紛争として残るのだが、それが激しくなり時には法律的紛争にまで発展するほどのものは、既に述べたように裁判事件や国際問題として紛糾するものもあるが、全体の比率としては少ない。だがその必要が生じた場合に登場するのがスポーツ国家法である。

スポーツ国家法には、スポーツ振興法のような特殊法のほか民法や刑法などの一般法もあるが、日本の現状は諸外国に比べていちじるしく不備で整備が強く望まれる。しかし整備は、スポーツ固有法の上述の性質と機構を十二分に活かすものでなければならぬから、そこには社会に適合するスポーツ哲学の確立が前提となる。いずれにしても、スポーツ法学の貢献すべき役割がある。

以上、本章のテーマとして、スポーツにおける紛争を検討した結果、その研究は、それとしてばかりでなく、一方ではスポーツ固有法の性質そして他方では社会的紛争とその処理一般の理論にも示唆するところが大であることが明らかになった。今後後続の研究が資料を追加し分析を深化してこれを一層進展させることを願ってやまない。

（1）　紛争と紛争処理に関する日本の研究は、社会学では欧米の学説を紹介するものが若干はあるが法の問題に触れる理論的なものはない。それには法社会学が相当の実績を持つ。川島武宜・廣瀬和子・六本佳平・柵瀬孝雄（以上の文献は千葉一九八〇を参照）、樫村志郎（一九八九）・和田仁孝（一九九四）・和田安弘（一九九四）らの業績である。しかしいずれも紛争を法律制度の窓口を通して観察する手法でこれを社会現象としていわば丸ごと観察して理論化するものではない（後三者にはその意図がある）。

（2）個々の紛争を分析するには、紛争の主要な四要因すなわち、当事者・参加者・介入者を含む紛争関係者、客体・地位・態度にシンボルを加えた紛争対象、具体的行為・手段・主張による紛争行動、および正負のエスカレーションに環境・システム効果・制度化を含む全体的要因（千葉一九八〇、四章）によるべきである。しかし最初の観察としては、スポーツ紛争とは何かを確認する必要があるので、本稿では三基本形態（同上、四五一―五〇頁）の別によることの方が適切と考えた次第である。

（3）残念なことだが、国際競技においてコミュニケーションの不足により不利を受ける例が時折ある（例、九一年に国際柔道連盟がオープン化を可決していたのを日本柔道連盟は九三年になって知った、九三年スキージャンプのワールドカップ戦で選手が予定時刻変更を知らなかった、等）。この事例では過失が全面的に日本側にあって抗議の余地なく紛争にもならなかった。

（4）法の重層構造論は、エールリヒとケルゼンの行為規範と裁判規範との二重構造論に発し、戦前戦中のわが国で廣濱嘉雄と尾高朝雄が組織規範を加えて三重構造論となった。この問題はその後法哲学界から失われたが、社会の中に法を位置付けようとするときにはなお示唆の多い観点である。

（5）宗教法が正統権威のもとに組織・行為・整序（裁決とも言われる）の三規範を揃えた固有法であることは、カノン法だけではなく他の諸キリスト教会法やイスラーム法・ユダヤ法などの整備ぶりによって知られる。日本の仏教や神道の諸派もそれなりの組織的な固有法によっている。

（6）個人スポーツとか市民スポーツとかいわれるスポーツには、それほど高次の格闘精神を必要としないが、技倆・儀礼性とその実現にむけた努力と満足感を理念とする点は、変わりない。

（7）たとえば個人も国家も喧嘩・戦争をしてはいけないというルールを知っており、これを破って喧嘩・戦争するにもそのルールがあることを知って、これを尊重する。自分が正しく相手が悪いと主張することも、自分がルールにかなっていると周囲の是認を求めようとするからである。

（8）社会的紛争を両形態に分類する意義は、既述のように対争については研究が格段に進んでいることのほか、有効な処理方策の相違にもある。すなわち処理の重点が、対争では強制的処理よりも両当事者の自主的処理を促すことがあり、競争では外部の価値ないしルールを当事者に納得させることにある。

補注

本章の初出（千葉一九九五ａ）は、日本スポーツ法学会第二回大会のシンポジウム「スポーツにおける紛争と事故」でなされた基調講演の記録であった。他の基調講演は、事故を主題としてなされた（望月一九九五ｂ）。

第7章　スポーツ固有法の文化的意義

一　問　題

1　本章の目的と限界

本章が貢献しようとする総合テーマ「スポーツの権利性と文化性」（補注参照）の意図は、スポーツにおける権利性と文化性の両因子のそれぞれと相互関連とを解明することであろう。だがスポーツ法学においては、両因子の検討も始まったばかりで未知の部分がまだ多く、ましてその相互関連は新しい問題であるから、議論は当分の間は仮説的な試行錯誤に終わらざるをえないであろう。

その意味で本章も試行の域を出ない上、私の能力にも限界がある。とくに国家法上の権利論には能力を欠くので、権利の基礎をなす法の文化性を前提として考察し、その中でスポーツ権を位置づけることを試みる、換言すれば、スポーツの文化性の重要な一面である象徴性が、スポーツ法の理念とともに文化性と権利性との関係を媒介する意味を探究することにする。本章の題名を総合テーマと若干変えたのは、その理由による。ただしその目標を達成するには人類学の成果に多くを学ばなければならず、紙面の制約もあるので、論議には不十分な点も残るであろうが、問題探究の出発点として役立つことを願っている。

最近一〇年たらずの間にスポーツ法学の一般的基礎理論を提唱してきたが、いずれも操作的な作業仮説の性質であったから、その諸論点にはさらに検証と補正を繰り返す必要があった。事実ここ数年間に、有志から出された疑問あるいは異論も私自身の修正点も現われた。本章では行論中にこれらの諸点についても私の修正見解を挿入することにする。

まず最初に、使用する概念の用語と分類を提示しておく。スポーツは多種多様で関連する用語も多くその分類の試みもあるが、経験的スポーツ科学としてはそれらが科学的道具概念として一定していないこと、まして新しいスポーツ法学ではなおさらだからである。

2　用語と分類

スポーツと言えば、近代スポーツのほかにも、市民スポーツ・みんなのスポーツ・伝統スポーツ・ニュースポーツ・表演(中国の用語を借りスポーツパフォーマンスを意味する、稲垣正浩一九九五、五二〜六〇頁参照)その他の名で呼ばれる多種多様があることを前提とし、(1) スポーツの本質的要因を、身体運動の自己錬磨と競争、象徴的様式、規則の三つと要約する。(2) 競争は、相手と直接に勝敗を競う顕在的なものと、記録あるいは自己自身と闘う潜在的なものと、両面を含む。潜在的競争は長く苦しい自己錬磨の過程だが、顕在的競争の前提をなし、その試合と勝利とに勝るとも劣らない本質的な目的を成す。(3)象徴的様式は、スポーツ活動で実現しようとする価値ないし理念を表現する特有の行動様式で、本人だけでなくこれを観る他者・社会にも共感される。また規則のもとで他と競い自己と闘う競争は、技能と体力に加え気力も要る（この三能力は稲垣同上の示唆による）から、この三能力の錬磨と競争とをも象徴する。規則は広義では競技規則に限らずスポーツ法すべてを意味し、法規・判例・解釈によるスポーツ国家法と、ルール・団体協約・法理念と三形態のスポーツ固有法とに大別される。(4)

スポーツへの人の参与の仕方には、スポーツ自体の上記の多種多様とともに人ごとに意図と実行とに差があるのでこれを確認し、とくに各人の権利義務を確定するには適切に類型化することが必要である。私の当面考える案は以下である。(5)中核はスポーツプレイの本人であるプレイヤーで、プレイには個人の場合もチームやグループの場合もあり、目的にも心身錬磨の楽しみから高度の技能習得さらに競技の勝利までいろいろある。フォーマルなスポーツプレイを規則に従って忠実に進行させ規則違反があればその場で即決するのが進行役で、審判・レフェリー・アンパイヤ・行司その他の名で呼ばれる。練習を含めてスポーツプレイを指導するのが指導者で、コーチ・監督・部長・引率者などが役割を分担している。スポーツ活動の用具・施設と行事を管理するのが団体とその代表者の管理者であり、その中でも事故と紛争の処理に責任を持つ裁定者があるはずであるのに、概して裁定の機構と手続が整備も機能も不十分だからスポーツ法学にはとくに重要な研究課題を成す。以上五類型はスポーツプレイに不可欠な意味で、スポーツ参加者と総称する。

絶対不可欠ではないが社会＝文化的にスポーツ活動のスポーツらしさを増幅むしろ決定するほどの類型がある。その一つは特定のスポーツプレイヤーを応援する応援者で、応援団やサポーターなどその組織と行為者との関係がフォーマルなものから、自分勝手のインフォーマルなものまである。それと別類型にファンがあり、直接の観衆のほかにテレビ・ラジオによる視聴者や新聞・図書などによる読者をも含む[6]。利用者と言ってよいものもあり、たとえばスポンサーはスポーツの振興とともに商業化を促進し、賭け人は合法のこともあるがフーリガンと同様違法なこともある。これらの類型はスポーツ関係者と言えよう。

スポーツ権は、人のそれら諸類型と役割に応じてあり、これをスポーツ法が固有法と国家法との協調で保障しているはずなのである、その解明と整理体系化が課題となる。

二　スポーツの文化性と法

1　スポーツの文化性——その諸見解

スポーツの文化性は、疑う余地がない。だがこれを文化の一面として正面から捉えるには人類学の見地から東西のスポーツを見渡すことが求められるのに、数年前まではわが国で頼れる文献としてはブランチャード＝チェスカの訳本（一九八八）しか例がなく、その訳者も文化論としては従来看過されていた伝統スポーツの強調を主としていた(寒川一九九四、一九九五)。したがって、わが国のスポーツ文化論は主として近代スポーツに向けられる傾向にあった。その範囲内でも定説ないし通説は未成立で諸見解が並んだままである。そのうち私は以下のものに注目する。

まず最初期に今村浩明が、スポーツは「人間の本性」に基づくこと［この点が文化の基本観念である］(7)、そのゆえにその機能が、個人には「欲求充足・自己統合と社会化」［私はあわせて自己実現と言いたい、文化の対個人機能である］を、社会には「緊張の無害化と社会規範への動機づけ」［秩序形成の一面で、文化の対社会機能である］を果たすことを、指摘した(一九七七)。その説明は、理論づけは今では古い当時の欧米理論によっているが、その要点はスポーツの文化性を特徴づける提言として現在も通用し、とくに規範を重視し個人の自己実現と社会の秩序形成を指摘する点はスポーツの法的・権利的意義に触れるものである。

その後の諸見解はこれを補足するものである。寒川恒夫は近代スポーツの普遍性と伝統スポーツの民族性を強調し(一九九二)、中村敏雄はスポーツの伝統文化性とその伝播を論じた(一九九三)［これらはスポーツ法に固有法と移植法があることを示唆する］。山崎正和は、スポーツが個人の努力と相互の信頼を基にし、ルールのもとで倫理感と美意識とリズムに導かれて肉体的エネルギーを発揮し、平常は禁じられる乱暴も許されることを強調した(一九九二)［そこにスポーツ行動における象徴的様式美と人間的欲求がある］。佐藤臣彦はスポーツの文化的契機を身体的・知的・感性的三契機の相互規定にまとめた

（一九九一）「文化として当然の認識である」。それらの諸点は他の論者によっても折々に言及されていて、あわせてスポーツの文化的諸特徴を指摘するものであることは確かである。

その後稲垣正浩と寒川恒夫は新しい光をあてている。稲垣は、近代スポーツが競争原理をキリスト教倫理のスポーツ理念で正当化する意味においてヨーロッパ中心主義であると分析し、人類史におけるスポーツには表演性と共生原理もヨガ・気功・古武道など「霊的世界に接近する」ものもあって全人間的文化であることを論じ（一九九五）、現代は近代スポーツが国家の権威とともにゆらぎ新たな理念が求められていると説く（一九九七）。寒川は、スポーツを社会・技術・精神の三文化に跨る文化複合と理解した上（一九九四）、「近代（または国際）・歴史的・民族」の三類型のどのスポーツもみな「ルールを生命とする」ことを認め（一九九七ａ）、その文化性の核心を、日常の判定基準と価値追求の手段とコミュニケーションの可能なコード体系であることと解釈する（一九九七ｂ）。両名の議論は、スポーツを人類が創造し享受・伝達する複合的文化であることを広い視野で指摘している。

この指摘をスポーツ法学の課題として受けとるならば、スポーツは、自他との競争を特有のルールに従ってする象徴的様式行動で、本人には生き甲斐の自己実現を可能にさせ社会には不可欠の秩序形成を実現させる、そのゆえに国家法も尊重・保護する文化であると言えよう。だがその考察を進めようとすると、文化性の重要な観点が上述の諸見解から洩れていることに気づく。それは、スポーツが人間の本能的という以上に宗教的ともいうほど強い意欲と感興をかきたてる主体的動因、および、ルールを発達させて一つの社会＝文化制度を形成している理論的理由、の二つである。この点を明快に分析するのが次の書である。

2　エリアス＝ダニング（一九九五）のスポーツ文化論

この書は形式上の分類では社会学に属する。しかし、著者の一人ノルベルト・エリアス（一八九七〜一九九〇）は、いかにもユダヤ系らしく哲学・心理学・歴史学にもわたる該博な知識をもって余暇とくにスポーツを理論的に分析した学者であり（時間についても、重要なエリアス一九九六がある）、他のエリック＝ダニングは、エリアスがナチスに追放されてイギリスに渡って以来師事したスポーツ社会学の専門家である。その合作である本書の内容はまさしくスポーツ文化論に該当する。その構成は二人が共同あるいは単独で書いた一一の論文から成り、体系書ではなく、原論文も七〇年代前後のものが多く新しいとは言えない。けれども、各論文は各テーマに関する鋭い観察に溢れていて八〇年代以降の問題をも見すえており、八六年発行の原書が九五年に邦訳されたことからもうかがわれるとおり、現在でも妥当する内容を持つ。

その全体の趣旨は明快で、私は以下のように理解する。人間の余暇活動はスポーツに代表され、職業活動からは例外的な一種の「飛び地」と見られている［文化的には非日常性と言われる］が、実は人間の本能である興奮が必然的に暴力に現われるのを規制する社会的手段であって、その規制方法の発展が「文明化の過程」として、ギリシャの格闘競技以来スポーツの歴史的発展とともに成しとげられた。

とくに高度に産業化された現代では、暴力は感情的・倫理的に否定されて国家の正統権力に独占された結果、本能的な「興奮の探求」が社会的抑制をくぐって闘争的なスポーツに宗教的熱気を喚起するようになった。イギリスのサッカーに付随するフーリガンさえ、単純な暴力ではなく正統的なスポーツ規制に対する興奮の反作用なのである［これら諸点は、人が人間的欲求の必然としてスポーツを要求する理由とスポーツをルールできびしく規制する理由とを明らかにしている］。

その趣旨が随所で説明されている。たとえば、スポーツは、「様式化された行動」による「非暴力的、非軍事的な競争形態の象徴的な表われ」（三三頁）である［スポーツはそれ自体一種の紛争処理制度である、後に再言及する］。ゆえに戦争とも共通して「相互依存、共同作業（と）対立の形態を（ともに）含む」ので「競争と共同作業、対立と強調などの（対極的な）社会関係の特性を探求するための一種の〝自然の実験室〟」（五、七頁）になる［ゆえにスポーツにおける闘争は実は共同行為である、後に再言及］。スポーツ行為者本人にとっては、スポーツは「クライマックスや勝利だけ」でなくその前の予備期間中にも「前快感の楽しい緊張の興奮」（三六頁）を与える源泉で［練習の自己錬磨こそスポーツの真義である］、「日常生活の緊張や抑圧を相殺（して）感情を活性化（する）社会制度」なので、その「習得によって自制のパターンを獲得」（六二～三頁）させる［これが社会規範の本質的機能である］。訳者の要約によれば、「国家内部の暴力の規制にともなって、一定のルールの範囲内で楽しい興奮を味わうことを可能にさせてくれるスポーツが、人間の暴力性を和らげ、産業社会の慣例化された活動によって精気を失った人間の感情を活性化してくれる重要な領域になりつつある」（四六六頁）［ゆえに人は、社会生活で息抜きをし生き続ける意欲を鼓舞する人間的機会として、スポーツの価値を認めその規範を尊重しこの制度を活用して享受する］。

以上本書の要点は、スポーツが人間と社会のために果たす文化的機能とくに人間的欲求と社会的規制との関係を理論的に指摘するものである。これを前述のわが国学者の諸見解に加えて私が総合すると、スポーツの文化性は次項冒頭のように表現できる。

3　スポーツの文化性――私見

スポーツは、規範ないしルールに規制される身体運動の象徴的様式行動であって、その機能は、人間の本性である興奮を喚起して自己実現を可能にさせると同時に社会秩序形成にも寄与するが、興奮が、一方では効として人を日常生活の緊張と抑圧から解放するとともに、他方では害として裸の暴力や闘争にまで至る行き過ぎもあるから、これをコントロールするために規範ないしルールをスポーツ固有法として発展させた。これをスポーツ法学の立場で言えば、文化としてのスポーツはスポーツ固有法による自己実現と社会秩序形成の制度である。この言明の真偽の最終的検証は他の有志の協力によってなされることを期待するが、私自身も今できる検証を以下に試みておく。

最初に、上記私見の妥当性を検証するために、文化の意味を文化人類学の専門家に聴いておきたい。ただし専門家の膨大な文化論議に深入りはできないので、辞典の一代表例（吉田一九八七）によって全貌を瞥見しておくにとどめる。それによれば文化の概念は異なる四つの意味に用いられる。すなわち、一は特定社会の人々が共有する行動様式ないし生活様式〔知識・道徳・慣習などとともに法を含む〕、二は自然環境に対する（物質的な）適応の体系で技術・経済などの社会組織となる〔その諸組織にはそれぞれのルールが発達する〕、三はこれに対照され観念・概念や規則を含む観念体系〔ルールも法もその一種である〕、四は社会の人々が抱く意味の体系である象徴体系〔〝法は秩序と平和の象徴である〟!〕、である。文化がそうであるならば、上記の私見はその中に位置づけられることに反論はあるまい。

次に、私自身がたびたび公表した見解を上述した和洋の諸見解と対照して異同を確認しておく。その一は、ルールなくしては「スポーツ自体が存在できない」と言い、またルールを主軸とするスポーツ固有法は国家がなくとも働く社会の生ける法であることを認めたように、ルールのスポーツにおける決定的意義を強調したことである。この点はスポーツの法的意義ひいては権利性にかかわるので、第四節で主題として論ずる。二は、およそ社会には紛争が不可避であるからこれをコントロールするために社会はその予防と処理の制度化を発達させるものだが、スポーツも紛争をルールによって平和的な競争に儀礼化した一制度にほかならず、ゆえにスポーツは「秩序（法）と紛争の連続性(8)」の一例であることである（本書第6章三参照）。これは紛争とその処理の社会理論にあたり、エリアス＝ダニングの言うスポーツの社会機能論と表裏をなす。スポーツが紛争の儀礼化された制度であるこの点に、個人および社会のためにそれが持つ象徴性の核心があると私は思うので、スポーツの象徴性を第三の検討点として次節で検討する。

三　スポーツの象徴性――スポーツ法の意義に関して

1　スポーツの象徴性――その諸面

スポーツの象徴性[(9)]は、まずその行動様式自体にあり、上述した私の紛争の社会理論とエリアス＝ダニングのスポーツの社会機能論から示唆される。すなわち、スポーツは、人間の本性である興奮とその身体的表現である暴力と闘争とをスポーツ固有法の規制によって儀礼的様式に制度化したものであるから、規制された紛争の象徴である。暴力と闘争のコントロールは社会を成す人間の歴史を貫く悲願である。その試みの成功例に法律制度なかんずく近代の刑罰制度があるが、戦争を規制するために戦時国際法を発達させても戦争はなくならないという例に明らかなように、まだまだ不完全で人類の悲願は達せられることがない。その中にあって、スポーツは、社会＝文化制度としてそれに成功した最好例であり、その成果であるスポーツの儀礼的様式性は人間の他の本性である競争を制度化したものであるから、社会的に公認された競争の象徴でもある。競争は、個人にアイデンティティを自覚させ社会には進歩を促進する意味では有用だが、それが激すれば心理的・暴力的闘争から戦争まで害悪の代表例にも発展する。したがって社会は構成員に対し競争をさせつつその害を防除することに腐心する。近代の裁判制度や選挙制度もその一例だが、スポーツは裸の闘争を固有法で完全に規制した上でこれを奨励する制度の典型例である。

　スポーツの象徴性は個人の主体的観点からも挙げられる。その一は、身体運動の能力・技能にかかわる。その目標は、自己錬磨では、市民スポーツないし個人スポーツのように個人ごとの限界を心得てその範囲内で楽しみつつ技能の発揮・向上をはかることから、近代スポーツや登山などのように高度さらに最高の技能の習得を目ざすことまで、程度には差があり、競技スポーツでは端的に競争に勝利することである。スポーツはゆえに、プレイヤーが到達した運動能力・技能の象徴である。二に、そのような能力・技能の発揮・向上には長く苦しい練習が自己自身との競争として不可欠なので、これを果たす自己錬磨の努力がスポーツ行為者にはアイデンティティ確認の契機となる。競技で相手と競争して勝利することはその明証だから努力の達成感を満足させ、他方結果は敗北の場合でも闘うために錬磨したことが自己自身の充実感を生む。スポーツはこの意味において、スポーツプレイヤーにとり自己実現の象徴である。三に、この能力・技能の自己錬磨とそれを試す競技の場には、スポーツの様式的行動を通じて人間の理念的価値が顕現される。その価値とは、行動自体のダイナミックな躍動感、行動様式のリズムと美しさ、自己錬磨の努力と競争精神、そして人間的で公正な倫理観などであり、よってスポーツは、それらの様式的行動美の象徴である。かくて四に、スポーツの以上の諸象徴性を見聞きするファンは、プレイヤーの誰かを応援してもしなくともスポーツプレイに共感して、自分の夢を感情移入して競争の人間劇に感動する。スポーツはこの社会的感動の象徴でもある。

それらの主体的な象徴性は、社会から見れば客観的象徴性にほかならない。その一面はスポーツが社会秩序の形式に寄与することである。そもそもスポーツは共同行動であることに社会的意義がある。共同の集団としては、素朴な形のインフォーマルなグループが底辺にあるが、チームとなると行為者の目的意識と団結が固い一種の運命共同体を成しており、その指導者や管理者が加わるとフォーマルな組織にも発展し、さらに応援者を交えると勢力ある集団となる。競技で敵として闘う相手も社会的には共同の仲間であり、スポーツ行事はそれらの関係者のほか多数のファンその他の関係者までを引きこむ社会的行事であり、伝統スポーツ[10]はむしろ当該のむらや社会全体の祭り的行事である（寒川一九九四、六七〜七〇、一二一〜五頁、その他を参照）。スポーツにおけるこれら諸社会集団は平穏・順調ばかりではなく、プレイヤーは苦しい自己自身と他との競争に堪えねばならず、時には身の安全を損なう危険にもさらされる。それにもかかわらず人がスポーツ活動をし社会がこれを是認むしろ奨励するのは、スポーツがそのように社会秩序形成の象徴だからである。

その他面に、スポーツ法学が最も重視すべき象徴性がある。社会はもともと慣習・道徳から法まで社会規範の壮大な体系を内包し、それがあるからこそ社会が存立し人間がその中で生きることができる。しかし他面では、社会規範は個人の人間的欲求を一定限度に抑制せねばやまないので、個人は本性上そのような規範とは闘いを強いられる。つまり社会規範に対する順守と闘いは、人間のアンビヴァレントな宿命である。そうであるならばしかし、社会規範に対し闘ったり恨んだりばかりしているよりも、これを最大限に活用し進んで現行規範の改善を図ることが、社会的人間の使命となる。よって、ルールを忠実に順守しつつ最大限に活用できるスポーツは、人間の規範に対する宿命と使命の象徴となる。人がスポーツに感動する基本は、この象徴の意味を感得することではないだろうか。

2　スポーツの理念——象徴性に関連して

ここでスポーツの理念[11]の検討を逸することができない。スポーツの理念とされるスポーツマンシップとフェアプレイとはスポーツを象徴する価値観念だからである。

法一般について言えば、理念は正義に代表され、対して法の象徴は、正義とは別の法治主義・裁判・国家権威等だと区別されることがある。だが実際には「法は正義の象徴」あるいはその逆の言い方もあって、理念と象徴両語の意味と用法は混同される。実は、象徴の概念が「意味すること」と「意味されるもの」との両因子の相互関係であることと[12]、理念の概念が象徴作用をも含意することとの両理由によって、両語の意味の重複は当然なのである。スポーツ理念にもこの重複部分があるはずであるから、これを以下に検討してみる。

スポーツには実現を目標とする人間的・社会的価値観念が内在していて、行動規範、倫理あるいはモラル、精神あるいは精神文化要素等、ほかの名でも呼ばれること、その具体例としてスポーツマンシップとフェアプレイには疑いがないが、アマチュアシップには近年疑念が呈されていることは、あらためて言う必要がない。それほど自明であるにもかかわらず、それぞれの用語の意味内容も相互関連もかならずしも判明・明晰にはなっていない。その上先に指摘したように、従来のスポーツ観がとかくスポーツを近代スポーツだけに直結して偏り、スポーツが古今東西の人類の人間的活動または集団行動行事でもあることをとかく看過してきたので、すべてのスポーツに実際に働く理念を再検討する必要もある。ここにはその細論に立ち入る余裕はないが、本章の論旨に必要な範囲で問題点を検討する。

まず最初に留意すべきは、スポーツ観と同様にその理念のスポーツマンシップ・フェアプレイもアマチュアシップも、実は近代スポーツすなわち近代国家の時代に国際化した競技スポーツに特徴的な理念であって、スポーツの長い歴史と多様な形態のすべてにそのまま妥当するものではないことである。寒川恒夫は、チームのための自己犠牲を美とするアスレティシズムをこれらに加えた上で、いずれもその特殊性のゆえに現代では意味が移り「代わるモデル」が新たに探索されていると見る（一九九六）。近代スポーツのような外向性スポーツには、それら諸理念の妥当性を認めつつそれ以外の理念を探ることが求められる。

スポーツでも、記録あるいは自己自身と競争する登山・表演やその他の内向性スポーツと、また身体運動ではなく室内スポーツやコンテストとして競争をする準スポーツとでは、事情が違う。もっともそれらのスポーツも、人がグループやチームの一員としてスポーツ活動をする時はもとより個人一人でスポーツを楽しむ時にも、それが社会の中でなされるかぎり、また顕在的・潜在的に競争をするかぎり、一定のエチケットと競争のルールは要求されるから、スポーツマンシップやフェアプレイなど既知の諸理念もある程度は働くと言える。しかしそれらのスポーツには既知の理念とは別の理念も働いており、しかもスポーツの種別によっては別理念の方が有力な場合もある。先に指摘したスポーツの多様な象徴性のそれぞれにも、理念と言えるものが顕在あるいは潜在している。わけても、小さなグループスポーツや大きな表演にも働らく仲間との一体感、チームと目的に奉仕する充実感、むら・団体・国家民族までに至る集団意識の高揚などの諸観念が、今後の法学的精錬を待っている。

本章はスポーツ自体のそれら理念の問題に立ち入る余裕がないが、指摘しておくべき関連問題がある。スポーツの理念は疑いないとしても、それがそのままスポーツ法の理念か、の問いである。私は、従来はこの問いに肯定的であったとも聞こえる発言をしたことがあったが、これは考察不充分で実は否定すべきであった。それを次項で述べる。

3　スポーツ法の理念

法の理念が正義に代表されることは、法学で確立している。そしてスポーツの理念がスポーツマンシップ・フェアプレイその他で正義とは別であるならば、スポーツ法の理念は、そのどちらかの一方だけではなく、この両種にまたがるものでなければならないであろう。

そこで念のために法哲学における理念論を見渡すと、意外な事実に気づく。まず、ほとんどすべての法理念論は正義の問題に集中して他の法理念をこれと並べて詳論することが稀であるが、実際には条理・衡平・公正・合理性・自然法・利益権衡・合目的性・法的安定性等の用語による法理念論が、しばしば言及されている。ついで、現行諸法の実際においても法の理念と言われるものがほかにもある。たとえば、国家法の分野ごとに、商法では取引自由、社会法では対等と福祉、国際法では主権尊重などがあり、宗教法では各教ごとの信仰目標が、また非西欧諸法ではたとえば中国の天やインドのダルマなどそれぞれの民族ごとの文化価値が明らかに法理念を成し、近代国家法にもドイツでは「正義」だが、イギリスでは「リーズナブルネス」、アメリカでは「ルール・オブ・ロー」、フランスでは「自由と平等」など、それぞれ異なる理念が強調されている(13)。

そうして見ると、スポーツ法理念もそれらと同様に、一般的な法理念の正義そのものとは多かれ少なかれ異なるものであってよい。そこで思い起こされることは、国家法は、もともとスポーツに不介入を原則としたが、戦後にスポーツを契機とする社会問題が生じたので市民権保護のために介入するようになり、かくてスポーツ法学が誕生した経緯（本書第四章三）、および、その介入もスポーツ固有法の優先を認めて民刑事上の加害責任を原則としては免除する事実、である。ここには、スポーツ国家法とスポーツ固有法とが、それぞれ管轄を異にしつつ協力するという大目的のための分業関係が明白である。そうであれば、前者は国家法秩序を維持するためにスポーツ関係の事件にも正義の理念をかざし、後者はスポーツの社会＝文化的意義を保障するために国家法上の正義と両立するが特有の理念を護持することができるはずである。

よってスポーツ法に特有の理念とは、国家法上ではなくスポーツ固有法が実現をめざす理念に帰着する。それを探求するのは新しい試みで容易ではないが私見は結論で提示することとし、その前にスポーツの権利性を検討しておく。何となれば、それは本章の主題の一部を成し、かつ法理念を実現する決定的なチャネルだからである。

四　スポーツの権利性

1　スポーツ権の問題点

「スポーツの権利性」の当面の問題は、学界における論争の一つの焦点、スポーツ権に集約されていると言ってよいであろう。その諸論点中二がきわだっている、一は、その基本的人権としての意義・性質と憲法上の根拠である。これは、およそスポーツ法の基礎問題の一つであるので、有志の間で早くから論議の種となり論点はほぼ定まり傾聴すべき所説が多数提出されている。私はこれに立ち入る能力がないのでその委細はそれら諸説に譲るほかない（たとえば、永井一九七二、一九九四、松元一九八一、一九九三、濱野一九九四）。

他は、スポーツ権の実定法上の具体的な意味内容である。スポーツ権の概念は不動だが、一方ではこれを明定する実定法規がないこと、他方では多様な権利主体ごとの権利の内容が整理分類されていないことにより、実定法上のスポーツ権に定説がまだ得られていない。権利主体の多様さは、一にスポーツ自体の種別が多様に分けれていること、二にスポーツを享受する者にも、前述のようにプレイヤー・進行役・指導者・裁定者・管理者を含む参加者のほかにファンその他の関係者もあって、それぞれ関与の仕方が異なること、三にスポーツプレイヤーは、通常のスポーツ選手のいわば外側の両極に特殊な高度スポーツの達人と一般市民の愛好者とを包含するほど、種差が大きいことである。したがって、それらの種差に適切に応ずるスポーツ権を実定的基準として確定する立法措置が要請される。その理由で、「スポーツ権保障の違憲状態」とまで言われる現状を改革するためのスポーツ基本法の制定（濱野一九九四、六八〜七二頁、伊藤一九九三、永井一九九八）が求められる。同時に他方から見れば関係する判例は多数蓄積されているので（たとえば、伊藤一九八〇、一九八三）、スポーツの特質に基づくスポーツ権の具体的な性質と意味をそれらから帰納しその不備を補う学説が確立されれば、判例スポーツ権を論定することができるのではないか。実際には困難があるから通説が成立するにいたっていないのであろうが、それだけに困難を克服する学説の確立を待望する。

以上二種のスポーツ権は国家法上のものだが、スポーツ権には、固有法上のものがある。すなわち国家法上は明示的に規定されていないが、スポーツルール・スポーツ団体協約・スポーツ法理念の三種から成るスポーツ固有法を法源として実在し機能している権利である。「実際にスポーツ人が順守する法は、国家法よりもまずこのスポーツ固有法であ」り、中でもルールはこれ「なくしてはスポーツは成立しない」ほどである（第1章二六頁）。これを明快に基礎づけるスポーツ権のそれ自体の意義・

性質と国家法上のスポーツ権との関係は、法社会学的手法が主となり実定法学的手法の助けを借りてこれから解明すべき課題である（競技者については、佐藤千春一九九四a、一九九五、一九九六a）。

その一つの準備作業として、ルールの基本的性質を一書の紹介により検討しておきたい。ルールは、スポーツ固有法の核心をなすとともに、国家法からもその自主性が尊重され介入が控えられるほど、スポーツ法とその権利の基礎にある社会規範だからである。

2　フレデリック＝ショーアーのルール論

わが国の法哲学も、法は規範ないしルールの一種であることを前提とするが、論点を法としての特殊性に集中して、規範・ルールの一般論には興味を示さない傾向がある。これは近代の大陸法学が国家法一元論に立つ伝統によるものと解せられる。これに対し英米法学では、ハートやフラー以来ロールズ、ラズ、ドウォーキン等々まで名のある法哲学者はルール論を展開している[14]。これは、かれらが法を社会に自生するルールと連続して理解する伝統によるものであろう。その意味でかれらのルール論は法社会学的手法のために聴くべきものを持つが、大体の傾向は国家法を窓口として考察するので、そもそもルールが人間の社会生活一般に持つ意義という根本的問題には踏みこんでいない。

これに正面から取り組んだのが、ショーアー（Schauer 1991）である。著者のショーアーは、わが国では知られていないが（ただし那須二〇〇一の紹介がある）ハーヴァード大学政治学部教授の理論法学者である。本書は紙装判の双書中の一冊で二五四頁だから大冊ではないが、参照する文献はもちろん上記の諸法哲学者のものを含んで豊富、論点は妥当で論法は説得力に富み、論述は要領よく無駄がなく、社会的ルールの一般論を代表する好著で、法をルールと関係づけて理解するには必読の書である。とくにルールを権限ある決定者の判断基準として観察する点では、実践が使命であるスポーツルールの考察のために示唆するところが大きい。以下のとおりである。

ルールとは、言語上の定式で（p.62）、原則・規範・処世訓・訓示・法など外の用語にもまたがっており（pp.12-13）、経験的規則性の記述的（descriptive）ルールと規範的文意の指令的（prescriptive）ルールとに大別される（pp.1-3）。問題はもちろん後者でそれがさらに、仮説的で選択か放棄が可能な教示的ルール（instruction）と、禁止か免除で規制し違反にはサンクションを用意する命令的（mandatory）ルールとに区別される（pp.5-9）。いずれにせよルールは、確実性・信頼性・予測可能性を属性とし（p.93）、安定性とともに保守性を帯びる（pp.155-158）。命令的ルールの内容は規準性（canonicity）を、根拠は権威（authority）を備えるが、実効性は事と場合によって異なる（pp.69,128-134）。

その実効性を左右する条件は、一に受範者に働く制裁・報賞の誘因と教育（pp.122-126,133-134）、二にルール自体の含意不足か含意過剰（pp.31-34）またはシステムを成すべき他のルールとの衝突かギャップ（pp.188,224-227）、三に未知か不測の事態（pp.35-37）である。ルールにはそれらによる不完全性があるからこれを補うために、例外の許容（pp.115-118）や解釈・裁量への委託（pp.222-227）なども用意されている。だが人生の複雑さと人間の限界からルール判断には過誤が起こりやすく、ルールを誤認・無視したり反対にルール万能主義に陥ったりする（pp.149-158）。そこで、ルールの内容とともにその適用環境（decisional environment）を整備することが肝要となる（p.229）。

その整備の最も進んだのが法的（legal）ルールで、その最大特徴は、人と所の管轄権を授権（jurisdictional）ルールで厳密に特定することにある。この特殊ルールは、事項を特定する実体規則(substantive regulative）ルールと特定しない裸の（naked）ルールとに分かれる（pp.119-120,168-174）。それと並ぶ特徴が、関係する全ルールのシステムがヒエラルキーをなし相互の矛盾が調整されていることである（pp.188-191）。このシステムを維持するのに、ルール順守のために背後の政策か目的（policy or purpose）あるいは先例（precedent-derived）ルールが顧慮される（pp.177,187）が、進んでルール変更が必要な時には整合性・公正・正義（consistency, fairness, or justice）の理念が働く（pp.135-137）。

以上ショーアーのルール論は、ルール一般と特殊な法的ルール［ただし、私は、かれの強調する授権ルール・ヒエラルキーシステム・法理念に、国家権威による正統性・規準性・成文性を、加えたい］とを明快に分析するもので、法哲学のためにはもとより、スポーツ法のルールと理念を考察するにも貴重な示唆をちりばめており、本稿の結論を導くにも有益である。だが、その前にわが国におけるスポーツルール論を概観しておく。

3　スポーツルールの性質

ここで言うスポーツルールは、スポーツプレイの規則すなわちスポーツのプレイヤー・進行役・指導者等のプレイ中の権利義務を規定する規範である。これに対しスポーツ団体協約は、プレイヤーの所属するグループ・クラブなどからオーガニゼーションまで諸種の団体の組織自体に関する規則類を基礎とするが、同時に、プレイヤーのほか進行役・指導者までを規制対象として管理し、また試合・大会等フォーマルなスポーツ行事を企画運営する規則類を用意してメンバーの権利義務を規定するので、スポーツルールと連動して機能する[その意味では団体協約も広義ではルールを含むと言って間違いでない]。このようなスポーツルールに関する学界の論議中次の諸点に、私は注目する。

まずルールのいわば上位概念としてスポーツ規範のあることは共通の認識だが、その用語には、マナーあるいはエチケット(『新修体育大辞典』一九七六、七九三頁)、理念を含む生活規約(トーマス一九九一、二四五頁)、モーレス(今村一九七七、三〇~三一頁)、エートス(山下一九九二、六二頁)等々異種がある。[15] だが各語それぞれの意味も相互の関係も不分明でカオス状態である。ただその間にもスポーツ理念が共通の前提になっていると言ってよいであろう。

スポーツルールはスポーツ存立の基礎条件であるだけに、議論は多い(小谷一九九七aはそのまとめの試み)。その中で注目されるものに、ルールに明示的と黙示的とを分ける見解(菅原礼一九八〇)と、これを批判してルールには規範が無用という主張(守能一九八四[法学理論の応用だが法社会学的考察がない])があるが、ともに実証が不十分の仮説的提案にとどまる。むしろスポーツ社会学として森川貞夫(一九九五、四七頁)のように実際の競技規則の種類を整理しルールの属性と言われる神聖性・変更可能性・多様性・民族性（中村敏雄一九九五a、四五〜五八頁）を例証するなど、実証的研究の蓄積が前提として待望される。実証的研究が蓄積されれば、前述ショーアーの所論を参考として、スポーツルールと他種のルールとの比較的特徴を確認することは可能となろうが、ここはその場所でない。ただ最も整備されたルールである国家法規との比較だけは、前述したショーアーが国家法規に指摘した諸特徴を参照すれば可能であろう。私の気づくことを以下に記しておく。

スポーツルールも、スポーツ団体がフォーマルなオーガニゼーションとして公認するものは、形式は国家法に準ずるほどに整備されている点では多種類の非公式法中でも宗教法と並ぶほどだが、特徴も目立つ。一、概して言うと形式的整備が十分とは限らない（「システムを形成」するが「欠陥の多い成文律」、小谷一九九七b）。二、実際の適用にあたっては当事者による一部変更が可能である（中村敏雄一九八九、二一六〜二二〇頁参照）。三、メンバーチェンジを当然と認める（中村敏雄一九八九）。四、ルール違反の有無が進行役により即座に判定され違反もただちにルール行為に転換される。五、ゆえにプレイヤーが巧妙にルールを活用し進行役がその適否を断乎として判定する駆引きがスポーツの技能であり醍醐味でもある。要するに、スポーツルールは、権威の根拠が多元的、運用は柔軟、当事者の自主性が生命であり、法としての構造の国家法と異なる特徴が権利義務の担い手の裁量権に反映している。すなわち、スポーツルール適用の適否判定は、プレイ中に、まずプレイヤーが自分で判断し、これを進行役が有権的・決定的に判定し、時にはそれに対する抗議か審査が認められ、事後にその再審査を管理者ないし裁定者が行ない、そして最後に裁判所が国家法の立場で裁判し、役割が重層的に分担されている。(16)しかしとくに留意すべきことは、管理責任を託せられているスポーツ団体の事故と紛争を処理する機構と手続が、内部関係でも対外関係でも整備と機能そして情報公開の点で概して不備なことで、ゆえにその任を果たす整序規範の整備が期待される。

五　結　論――スポーツの権利性と文化性と法理念

スポーツ権は、実定法学上は国家法による有権的な規定と決定によって最終的に保障される。しかし、スポーツプレイに関わるスポーツ権を規定するのは法社会学上の固有法である。そこでは、スポーツルールがプレイヤーと進行役その他のプレイのための権利義務を規定し、スポーツ団体協約も、プレイヤーはもとより進行役・指導者・管理者・裁定者のほか時には応援者・利用者に管理上の権利義務を規定する。ゆえにスポーツの権利性を確定的に言明するには、それらの諸法によって規定・保障される具体的な諸スポーツ権を実証的に確認し、それぞれと国家法・固有法両法間の相互関係とを明認することが前提となる。

しかしその文化性は、先に検討したところで大要が得られている。すなわち、スポーツルールが、人間の本性である興奮を誘導し実力行使と闘争を規制して平和的な様式的行動の競争に転換し自他の人間的感動を象徴的に表現させ、スポーツ団体協約が、スポーツ行事を人間の自主的活動として保障し社会に秩序と共感を招来する。その理由で、スポーツ自体が人間の社会生活における規範と共存する宿命と使命と両面の象徴をなす。スポーツ固有法はそのような象徴性によってスポーツの文化性を最も鮮明に表現している。

したがって、法の面から一口に言えば、スポーツの本質は「固有法のもとの人間的感動」にある。そのようなスポーツルールとスポーツ団体協約の役割を基礎づけ補正するのがスポーツ法理念であるはずである。これについて学説はまだ提出されていないが、私はその最初の作業仮説として試案を以下に提示し、学界の検討いな修正発展を願うことにする。

スポーツの意義は、詰まるところ潜在的な自己錬磨の努力と顕在的な社会的スポーツ活動とにあるが、スポーツ固有法が直接に規制するのは、前者よりも後者である。社会的スポーツ活動は、一面ではグループ・チームないし集団における一体の共同行動であるから仲間との協働を、他面では相手との競争であるからルールを順守し相手を尊重する公正を、理念的価値として要請している。これを主体的立場で言えば、まずプレイヤーがスポーツ種目の選択と自己錬磨の程度とをみずから決定し（「スポーツにおける自己決定権」、マルムステーン一九九六、一頁）、ついで公私のスポーツ団体が自己の責任でそのための環境を整備して機会を提供すること、要するにスポーツ参加者の自主性が基礎条件となろう。さらにこれを保障する条件として、自由と対等と機会均等を挙げることもできよう。だがスポーツは、一方でプレイヤーの自己管理能力を超える不測の事故・危害に、他方で周囲から利用されて本人の心身と社会の環境を害し犯罪を誘発する危険にもさらされるので、一般の安全配慮義務以上にこれを防止して個人と社会と安全を図る必要がある（佐藤千春一九九六a、湯浅一九九五等参照）。

他にもあろうが以上の四価値観念がスポーツ法の理念中に不可欠だと、私は確信する。そのうち協働と自主性とは、国家法では私的自治の大原則に含められるので、これらを特別の理念として強調する必要が認められないから、その意味ではスポーツ固有法だけに特徴的な理念と言える。そのうち自主性は基本的には法一般に通じ広義では協働をも含意すると解することができるから、スポーツ法が特別に強調するのは、それらとは異なるものであろう。安全がその第一だと言ってよいことには疑いがない。残る公正は、公平かつ明白したがって公明正大を原義とし、スポーツの理念を成すフェアプレイの精神でもある。その上、「等しいものに等しいものを」という正義の意味にも重なって両立するから、スポーツ法と国家法とを連携させる理念になる。その理由により、安全および公正をもって、スポーツ固有法に特有の理念と認めることができる。[17]

(1)　現代のスポーツは近代スポーツによって代表されているので、スポーツ論もスポーツ法論も、それをおもな例として展開している。だがその反面で、過去現在を通じて人類社会に実在する他の諸形態のスポーツを軽視する傾向を免れない（とくに寒川一九九四、稲垣正浩一九九五を参照）。私もこれまで発表した見解にもそれがあることを反省し、本書ではこれを修正してある。

(2)　類似の試みに、今村浩明の「遊戯・規範・競争・身体運動」（一九七七）と、寒川恒夫の「遊び・競技・大筋運動」（一九九六）とがある。私は、遊戯・遊びの要因を身体運動に含めつつ、自己錬磨と象徴的様式をもスポーツの独自性として逃したくない。

(3)　競争の観念を顕在的のほか潜在的にも広げ、自己錬磨を強調するのは、本章による補正である。第3章六二〜六三頁参照。

(4)　三種のスポーツ固有法のうち、スポーツルールと団体協約とは、一般には競技ルールとして一括してとり扱われるが、それぞれの規制対象がスポーツにおける行為者のプレイとこれを管理する団体の組織・運営と異なるので、私は別立てとした。ただし、これには疑問ないし異論が提出されている。

一つは佐藤千春の固有法の性質に関する異論である。固有法は「裁判所がルールに干渉しないという意味で……国家法に対立」し国家法もある範囲ではこれに「譲歩している」ことを認めるけれども、「権利・義務は競技者の意識より、法的強制が加えられる関係、言い換えれば……裁判による救済を得られる関係」に限られるとし、「ルール自体が……私的自治法になるわけではなく……それを守らせる自治規範や契約が法になる」（佐藤一九九四b、一三二〜一三三頁）と言うからである。そのルール観は国家法一元論に立つ実定法学としては当然で、私もこの観点を否定はしない。しかし国家法が国家の立場では唯一の正統法であるとしても、民族の慣行と意識においてはそれと並んで非国家法も実在することは、世界のどこにもある宗教法・部族法・地方法等々非公式法の例が多い以上また否定できない。よって、国家法の正統性を認めつつ非国家法の存在したがってその法的性質と国家法との相互関係を認めるのが、多元的法体制論である。この事実にアプローチするには、国家法に対しては実定法学、非国家法に対しては法社会学と、手法が異なり、その結果、スポーツに関する国家法がスポーツ国家法、非国家法がスポーツ固有法と分れる。前者による佐藤と後者を顧慮する私とでは手法は異なっているが、事実認識は共通しているので、たがいに排斥しあうのでなくそれぞれの手法の特質を発揮し、あわせてスポーツ法学全体の進展に協力したいと、私は願う。

他は、私が第三の固有法とするスポーツ法理念の意義に関し、それが法かという疑念である。この疑念はもっともである。私の最初の表現はスポーツ理念と同視していてその意義を明確にしていなかったからである。これに対する回答は以下の**三**と**五**で述べる。

(5)　私は社会学的な紛争理論を求めてその関係者を、本人である当事者、それを援助する参加者、処理を図る介入者と類型化して効果的だったので（一九八〇、五六〜五八頁）、これに倣う試みである。

(6)　用具の製作者や施設の建設者およびそれらの管理者も広い意味ではスポーツ関係者だが、それらのスポーツへの関与に、国家法上の製造者責任と管理者責任以外にスポーツ特有のものがあるかを確かめるのは、今後の課題である。

(7)　以下すべての［　］内は、私の加えた注である。

(8)　裁判は紛争処理制度を代表するのに対して戦争は紛争を代表するとして、しばしば対極視されるが、実は、裁判は行動を規則で精細に規制して紛争を行なわせる制度であり、戦争も人道法と戦時国際法との規制のもとに行なわれる紛争実行の制度であるから、両者の差は、法と紛争の二要因が共存する一連続現象中における量の比較的多少にあり質にあるのではない。スポーツも同様に、一連続中に法と実力闘争との両因子が共存してそれぞれの特性を鮮明に発揮しているのである。

(9)　象徴（シンボルまたはシンボリズム）は、本来は具体的事実に仮託された意味のことであるが、文化人類学では社会の人々が保持し伝達する意味の体系とくに宗教的・規範的観念を問題とし（梶原一九八七参照）、哲学では人が願望や理想を投影しゆえにそれを思い起こすごとに自己のアイデンティティを確認する手段でむしろ理念と理解する（千葉一九九一、八一頁参照）。いずれにせよ、人間の存在と行動に伴う「意味の体系」だが、人が何かであることあるいは何かをすることとの思想・意欲を根拠づけ、本人に自己のアイデンティティを自覚・強化させる誘因となる。あらゆる社会的・文化的存在は、それぞれ何らかの思想的意味を伴っていて一般的なシンボル機能を持つが、その内特別な理念的価値観念として人に存在の意義と行動の目標を与えるものが、とくに文化的シンボルとして特記されるのである。

(10) ほかにも多く用いられる類語に、民俗スポーツ・民族スポーツ・エスニックスポーツなどがある。私は用語を争うつもりはないが、近代スポーツと異なるものを一括するには、本来の意味を捨て切れないそれらよりも伝統スポーツの方がましと思いここではこれを使っておくが、検討を願っている。

(11) 理念は、哲学では理性の到達する最高概念ひいては最高の価値規準を意味するが、一般的には人間の文化活動が実現をめざす規範的価値を言い、もちろんスポーツにもある。

(12) したがって法とシンボルとの関係は、法を象徴するものと、法が象徴するものとの二面に現われる。六法全書・裁判・権利などは前者の例で、私はこれを「法のシンボル」と、また平和や秩序などの後者を「法のシンボル作用」と、分けてきた（一九九一、一四〜一七頁）。

(13) アイデンティティ法原理は、一法体系を総合的に根拠づける最終原理である(千葉一九九八a、三章参照）から、その法体系中のすべての因子の理念として働く。

(14) ドイツ法学からケルゼンだけが異例にもルールを論じているが、これはその純粋法学という特殊な方法論による結果であろう。

(15) ルールを示す用語にはローやコードもあるが(中村敏雄一九九五a、五五頁)、これは英語のことで日本語ではルールだけで通用する。

(16) ここにスポーツ適用環境の問題がある。一方で用具と施設が産業技術の進歩によってスポーツの技能、ひいてはルールにも大きな影響を与えること、他方でマスコミに現れる社会の関心と補助金やスポーツくじに示される国家の政策との影響は、周知のとおり大きい。

(17)　これは新しい提案であるから、有志多数の関心を以て検討を加え修正し発展させることを、私は願っている。国家法の理念である正義は広く応用されるが原義は一義的であるのに比べ、スポーツ法の公正と安全は、スポーツ権利者の目的と技能の多様さに応じて何段階がの類別が必要であろう。たとえば、公正は国際スポーツと市民スポーツでは異なる面があろうし、安全は高度スポーツと健康スポーツとで明らかに違っている。それらの類別化は可能だと私は思う。

補注

本章の初出（千葉一九九七c）は、『日本スポーツ法学会年報』第四号の特集「スポーツの権利性と文化性」に寄稿したものであった。これは、スポーツ法をテーマとするが、「法と文化」および「法と紛争」という法理論の根本問題について、私が多年の手探りでようやく得た一つの答案を下書きしたものにあたる。私がスポーツ法学に着眼したのは、スポーツだけに対する特別の関心よりも、その法文化性とルール類の法的性質とがスポーツ法人類学の大事な問題ではないかと示唆された思いを持った（千葉一九九九とくに一八三～一八四頁）からであったので、本章はその示唆が間違いではなかったことを証明してくれたように、自分では感じている。ただし、その内容はまだまだ幼稚であるから、後続の法理論研究者がこれを徹底的に補正し理論を完成してくださることを念願してやまない。

第８章　スポーツ固有法の性質と構造

一　問題――スポーツ固有法の性質と構造

本章は、当初与えられたテーマ「事故をめぐる実定法と固有法の役割」（補注参照）を、その理論上の基礎問題に絞って考究するもので、理由は以下のとおりである。

一に、スポーツにおける事故の意味である。事故は、関係者すべての願いに反して発生しスポーツに最大の消極的要因を成すので、安全を理念とするスポーツ法は、スポーツ各種目の性質と危険度および各プレーヤーの目的と技倆に応じて、事故を事前に予防し事後に処理する基準を設定する。よって事故を主題にすることの意義は大きいが同時に念頭におくべきこともある。一方では事故と紛争との関連で、事故は紛争を大多数の場合に潜在させ、相当多数には顕在させ、時には裁判事件にも発展させるなど、紛争と不可避に関連することがむしろ多い（第６章一二一―一二二頁参照）ので、スポーツ法は他の理念である公正を以て紛争の予防と処理の規準をも用意する（以上、第７章**五**参照）。他方では契約・ビジネス・保険等も事故と直接間接に関係する（その例が『Q&A』一九九七と伊藤他編二〇〇〇に紹介されている）。ゆえに事故を主題としてもそのいわば環境を忘れてはならない。

二に、事故の問題については学界に議論と成果が多く、中でも佐藤千春がここ一〇年の間に、事故をも含めた諸問題につきスポーツ団体と競技者との権利義務関係を、実例とともに予防法学的に仮想例をも織りこんで実定法上の法理を詳細に検討、契約による競技者本人の意思と責任およびスポーツ団体の自治を裁判所がどう尊重すべきか規制できるかという問題点に周到な議論を展開し（文献一覧参照）、基礎的解答をすでに出している。

したがって三に、学界の課題はこれを前進させることだが、私としては、そのうち実定法関係は能力の外にあるから他の有志の論議に待つほかなく、対して固有法関係は他に論説が少ない上に、私自身は、そもそも固有法を確認してスポーツ法学に確信を持つことができ、また先にスポーツ紛争を論じその処理に果たす固有法の役割を指摘した（とくに第6章）経緯がある。したがって、この総合テーマの検討に参与するならば、事故をめぐる固有法の役割を考察することが私の果たすべき任務であると言ってよいであろう。

四にその考察方法として一般論を言えば、まずスポーツ固有法の法源である無数のスポーツ団体協約とスポーツルールの全部を実証的に検討し、ついでそれらの実例が佐藤の指摘する本人の意思・責任と団体の自治とを法的権利として擁護・規制するのに十分か否かを批判的に評定することである。

この方法を実行するために、私は『体育・スポーツ総覧』に掲載されたものその他若干を参照したが、それ以上に実証的検討を拡張する余裕がない。その上その考察には今述べた固有法の性質、とくに法としての要件を確認するという理論的な前提問題があるので、これを先に論じなければ議論を進めることができない。

以上の理由により私は総合テーマの主題をスポーツ固有法の性質と構造にしぼったが、これは学界でも初めての難問題で、一人がこの短時間の一回ですますにはあまりにも大きすぎる。問題を説明する程度で終わらざるをえないが、今後有志によるいっそうの修正発展を願う次第である。

二　国家法の法としての要件

本章の目的は固有法の法としての要件を解明することになったが、多種類の社会規範の内のあるものだけを特殊的に法だと認めるための客観的な要件の一般論に関しては、法学界には定説どころか議論さえもない。これは不思議なことと見えるが、法学は国家法一元論に立って国家がその立場で法だと規定するものを忠実に受け入れるだけでよく、その法としての要件を吟味する必要がなかったからである。だがここでは法というものの一般的要件の確認に迫られるので、固有法に先だって国家法の法としての要件を法哲学界の定説から抽出してみる。

そもそも法の要件の第一は主観面で、受範者の権利義務（実は権利義務関係）であることが自明とされる。では権利義務とは何かと言うと、権利と義務二概念の単純な一対の関係ではなく、実は「権利と義務、特権と無権利、権能と責任、免責と無能力」の八概念による四対の対応関係の総称だとするアメリカのホーフェルドの図式（Hohfeld 1919）が、北欧のリアリズム法哲学からも基本的には支持されていて（千葉一九八〇、一五〇―一五二頁参照）、確立していると言ってよい。

他方、法の客観面として権利義務を保障する法体系については、ケルゼンの純粋法学理論における重層構造論がある。それは、まず法を第二の要件として国家のものに限り、ついでその規範構造を二面から特徴づける。一は形式的規範論理の段階構造で、実定法体系は、法規範の権威を国家の根本規範に基づき憲法―法律―一般命令―個別指令と下位の法規に順次授権する、逆方向から言うと下位の法規は権威の根拠を上位の法規に順次依拠するメカニズムである。他は実質的規範論理の二重構造で、実定法は性質上裁判規範だから、行為の基準を命ずる社会規範を法ではないのに前提とする。後者には異見がある。まずエールリヒの法社会学は、裁判規範の前提を成すのは、国家法ではないが法に違いない「生ける法」の行為規範だとする。いずれにせよこの重層構造が第三の要件である。

日本でも、廣濱嘉雄が、フランスの理論をヒントに、この二重の規範を法秩序の全体中に適切に位置づける組織規範がさらに別にあるはずと考え、法の全体を組織・行為・整序の三規範から成る三重構造だとした（一九三七）。これは、尾高朝雄からもやや違った意味でだが支持されている（一九四二）。たとえば憲法は他の公法とともに国家自体と公的機関の組織規範および国民の公的な行為規範を、また民法・商法等は私的団体の組織規範と個人・団体の行為規範を規定する。それら諸法は訴訟法・刑法等と連動して、諸行為規範に照らして、違反行為には損害賠償・刑罰等制裁の、また善行には表彰・栄典等報賞の、両様のサンクションを整序規範として規定する。

ケルゼンは純粋法学の立場から法外に追放したが学界一般は法の本質と認める要件が、なお二つある。一は法が目標とする価値とそれを体系的に実現するための原則を言う原理理念、二は実定法学は自明の前提として格別には数えないが、正統の国家が政府という管理機構を通じてその権威を実力をもって貫徹する権威権力である。

以上の五要件が国家法をいわば内部から観察して得られたのだが、法を外部から観察するものもそれら諸要件を認めている。権利義務については後述するが、法体系に関しては、私が前章（第7章）で紹介したショーアーが、他の社会的ルールと対照される法的ルールの特徴として、事の管轄を時と所に応じて厳密に人に配分する授権ルール、無数のルールを一体に組織するヒエラルキーシステム、この堅固なシステムを時宜に適応させる目的・政策・先例等の形の原理および公正・正義等の理念、と指摘するのが、形式的および実質的両面の規範構造とそれを貫く原理理念を認めるものに当たる。

集約の仕方は他にもあろうが、以上の考察を約言すれば国家法とは、大前提の国家が法主体すなわち「法の持主」（ヨンパルト一九九四の用語）として、他の四要件を次のように組み合わせて体系化していることになる。主観的には法規が規定する権利義務だが、客観的には形式的・実質的な規範重層構造で、特有の原理理念の指導のもとに、正統の権威権力によって働く。

三　固有法の法としての要件

次に固有法の要件一般を探るのだが、その前に使用概念に注意をしておく。固有法は文化的起源が当該社会文化の内にある法で、対語はそれが外にある移植法である。実定法は、権威の淵源が主権国家にあるから分類上は国家法（公式法の一種）で、国家法の正確な対語は非国家法であるが、国家法は多くの非国家法の中から一部を公認して同類の公式法とすることがあるから、その意味でならば非公式法を国家法の対語としても使用できる（以上の諸法概念については千葉一九九八a、三章参照）。わが国の固有法は、神社慣行や家元制度はじめ多くは非公式法のままだが、印鑑その他公式の国家法に採用されているものも少なくない。国家法と固有法とは、分類基準を異にし重複部分もある（スポーツ法はその典型例）から、正確には対語を成さない。次に、国家法は主権国家の法と決っているので持主を議論する必要がないが、固有法は部族・地域・宗教・階層その他の社会諸組織が各自に本来非公式法として保持するもので持主が無数なら性質も多様なので、これを総称する概念が必要となり、かくて設けられたのが法主体である（正確には「社会的法主体」、くわしくは千葉一九九八a、七三頁参照）。

固有法につき国家法に比べて自明なことは、まず法主体が一個だけでなく大社会に多数あって相対的なことである。それら法主体の権威権力は最終的には国家に委付されているが、いずれも特有の管理機構をもってそれぞれに正統的な管理権力を保持している。特有の権利義務関係は、また特有の原理理念の指導のもとに、一応の規範構造に体系化されている。ただしこの規範重層構造ひいて権利義務関係の整備の程度は形式的にも実質的に、国家法に比べれば不備であり無数の法主体の間にも落差が大きい。

それら諸要件の内学界に論議の成果があるのは権利義務についてだけなのでその要点をここに紹介しておく。アメリカ法学界では前述のW・N・ホーフェルドによる国家法上の権利義務図式が常識となっているので、人類学者E・A・ホーベルがこれを応用して社会的権利義務関係の定型を造った（一九八四、四章、千葉一九八八、一七七頁参照）。私はこれらの基本的着想を継ぎ（千葉一九八〇、一四九頁以下参照）、しかしここでは用語を以下のように変えて試案として提示したい。

要求　対　応諾　　一方が特定の行動を要求し他方がこれを応諾すべき関係（債権的）

特権　対　無要求　一方が特定の行動をするのを他方がするなと要求すべきでない関係

権能　対　受容　　一方が特定の処置をするのを他方が受容すべき関係（物権的）

免責　対　無権限　他方のする特定の処置を一方が受容する必要のない関係

この四組のどれかに該当する相互関係的行動様式が当事者間に現実にあれば、それが主観的な権利義務関係として固有法の基礎要件をなすことになる。ただしそれらが法として有効であるためにはなお別の要件がある。一は、この行動様式の成立が脅迫・詐欺その他不正・不当な理由によるのでなく平穏・正当であることと、当事者がこれを意思しかつその意思が客観的に証明できることである。二は個々の関係がルールに表現され規範構造の法体系に編入されていること、三は一定の法主体が管理権力をもってこれを保障することである。

四　スポーツ固有法の法としての要件と役割

国家に代わってスポーツ固有法を基礎づける法主体は、スポーツ団体である。その単位団体は形態が多様で、スポーツのみを目的とするスポーツクラブやプロスポーツ会社など独立のものもあるが、他目的の会社や学校その他親団体の内部組織であるものも多い。それらの単位団体が横あるいは縦に協定して組織する連合体（中間体もある）もあるから、それらの場合の法主体性は、単位団体と連合体との間で共同ないし分担の形となる。いずれにしても各スポーツ団体は、それなりの正統的な管理権力をもって、組織規範により自己自身と親団体・連合体との関係を規定し、受範者個々人の行為規範を全国的・国際的スポーツルールに従いつつ独自にも規定し、整序規範で紛争と事故の予防と処理をはかり、かくて実質的な規範構造の法体系を保持する社会的主体となっている。

その規範構造により保障されるのが権利義務関係で、法的であるための基礎条件として、スポーツの参加者および場合によっては関係者（用語の定義は本書第7章一を参照）個々の間に、右記の相互関係的四行動様式のどれかが存在していることを前提とする。ついでそれが法的関係として保護に値するためには、平穏・正当と当事者意思の証明可能性その他の条件がある。だがいずれにしても通常は、本人がスポーツ団体のメンバーまたはその行事への応募者で、現行のスポーツルールおよび団体が要求する条件に従う意思を明示しているから、それらの条件は満たされていると看做してよいであろう。

この権利義務関係は、スポーツルールと団体協約で規則化され、法治主義的な形式的規範構造に従うものとされ、その他国家法を準用する法的諸原理と安全・公正のスポーツ法理念に指導され、すなわち原理理念のもとに管理運営される。とすれば、このスポーツ固有法は、固有法としての一般的要件を満たしている。その実態の検討が今後の課題である。

国家法がスポーツ参加者「本人の意思・責任とスポーツ団体の自治」という原理を設けているのは、独自に存在・機能するスポーツ固有法を国家法が公認することを意味する。ゆえに反対に、固有法に五要件が備わらず、または事柄が国家の実力機構に委付されている場合には、国家法は問題を直接に規制する正当な権限を持つと言うべきである。

よってスポーツ固有法が国家法に対して正当に独自性を主張するには、五要件を十分に完備することが条件となる。通常は、法主体と管理権力が確立しているかぎり組織規範が、またその下で権利義務関係が原理理念とともに一般的なスポーツルールに準拠するかぎり行為規範も、さらに処分・制裁や異議申立の制度があるかぎり整序規範も一応は備わっているから、実質的規範構造のスポーツ固有法体系が成立していると言える。しかし法としての整備度を各種目の実例で見ると、その程度には大きな落差がありそこに看過できない問題も多いが、ここでは詳論を他に譲り、スポーツ法理念にかかわる問題点に言及するだけの余裕しかない。その二理念の内安全にはスポーツ界の取組がある（『安全協会』一九九五参照）ので割愛し、他の公正にはとくに整序規範に不備が多いので一言だけ触れておく。

『体育・スポーツ総覧』掲載分と私が入手した若干の資料によると、整序規範が比較的に整備されているものに、アマチュア自転車、アマチュアボクシング、カヌー、ヨットにJリーグ（『Jリーグ規約・規程集』一九九七）等があり、いずれも国際規約をそのまま準用あるいは参照しているのに対し、その不備が問題を惹起しているものには、スクーバダイビング（中田一九九六、一九九九、二〇〇一参照）やプロ野球（『野球規約』一九九七、浦川一九九三b、一九九五参照）等があるが、後者は、規約が関係者の自己流で作られかつ閉鎖的である（宮内一九八八や中村敏雄一九九五bの言う日本流である）から、国際レベルと国家法を参照して整備することが要請される。

補注

本章の初出（千葉一九九八b）は、日本スポーツ法学会第五回大会のシンポジウム「スポーツ法の理念とスポーツ事故問題」でなされた提言の一であった。（他の報告のテーマは、基調講演がスポーツ基本法問題と事故の判例との二、提言が事故とウェイバーフォーム、判例上の事故、スポーツドクター、および本章の四であった。）その性質によって報告時間したがって執筆分量の制限があり充分な論述ができなかったが、私にとってその内容は重要であった。それは、主題をスポーツ固有法に借りたが、実は「生ける法」の法理論という、私が法哲学から出発して法社会学＝法人類学を志して以来の宿題であった根本問題に一つの答えを提出したからであった。この点で、これは前の第7章と同じように、内容は幼稚かもしれないが法理論上の問題として有志による発展を願うものである。

付録

一　日本スポーツ法学会設立趣意書（一九九二年一二月一九日、同学会設立大会）

今やスポーツは、個人的には国民の最大多数が享受する生活領域、そして社会的には不可欠な事業かつ巨大な産業に発展した。このスポーツも本来は個人の自由な活動であったので、国家はこれを尊重して干渉を控える方針をとり、我が国でも、市民的権利の侵害が生じた時に受動的に裁定することを旨として、戦後にも国民スポーツの声に応じて若干の振興法規を用意するにとどまった。

しかし戦後民主化の進行につれ、スポーツも広く国民化し他方プロスポーツと放送放映・マスコミの発達があり、法にかかわる諸問題が続出してきた。学校スポーツにおける訓練と事故、指導者の権限と責任、団体の内部規則、用器具の安全性と瑕疵、費用補助・スポーツ商業化とアマチュア性、プロスポーツの契約と移籍、施設の造営と利用にともなう公害、等々がその実際問題である。そしてそれらが難しいのは、教育の原理、指導における信頼関係、団体の内部統制と人権、特定のルールと精神からなるスポーツ固有法の機能等々、古典的な市民法理だけでは解決できない理論問題を含むからである。

欧米諸国においては、スポーツ法学が着々発展しつつある。これは、差別・独占・ドーピング・税金・放送放映・国際交流等々の諸問題に明らかなように、スポーツの社会的問題性がその国民化・職業化・商業化とともに激化した結果であり、国家法もバランスのとれた保護と規制の方途をとらざるをえなくなったからである。そしてこれらの問題は、我が国にもすでに潜在するだけでなく顕在化しつつあると言うべきである。我が国のスポーツ法研究は、若干の法律的問題についてはなされてきたが、迫り来るこれらの諸問題にはまだ手着かずの状態である。

われわれは、スポーツ関係諸科学と法学の協力により現代の要求に応えるスポーツ法学の確立を願い、ここに日本スポーツ法学会を設立する。会員は、上記の実際と理論の両面の問題を研究し、スポーツ固有法の適切な評価の上にスポーツ関係国家法の整備と運営に貢献することを期するので、賛成する研究者の参加と関心ある関係者の応援を願ってやまない。

二　日本スポーツ法学会「スポーツ基本法」制定の提案

1　アピール（一九九五年一二月一六日、日本スポーツ法学会第3回大会）

スポーツ（アマチュア・スポーツ、プロフェッショナル・スポーツ）は、人類の歴史において営々として築かれてきた文化であり、人間にとって欠かすことの出来ない権利である。

われわれはここに、基本的人権としての「スポーツ権」を確認し、その保障のための「スポーツ基本法」の制定をアピールするものである。

わが国におけるスポーツにかんする単独の立法としては、唯一「スポーツ振興法」しかない。スポーツ振興法は、スポーツ権、すなわち、国民の生命・自由および幸福追及の権利、健康で文化的な生活を営む権利を、具体的・実質的に保障するには至っていない。このような立法の不作為に対して、日本スポーツ法学会では「スポーツ基本法研究専門委員会」を組織し、アメリカ・イギリス・フランス・ドイツ・韓国そして日本のスポーツ法を、実態と理論に即して研究し、あるべき「スポーツ基本法」を検討してきた。

とりわけフランスにおいては、スポーツが権利であることを明確に宣言し、教育・医学・保険・施設・スポーツ団体・オリンピック等々にわたり、さらに国と地方公共団体の責務に至るきめ細かな規定がなされている。また国際的にも、「ヨーロッパみんなのスポーツ憲章」(一九七五年、ブリュッセル)、「体育・スポーツに関する国際憲章」(一九七八年、パリ・ユネスコ)等により、スポーツ法が権利であることが確認されており、ヨーロッパ各国においてもスポーツ権を保障する「スポーツ法」が制定されているのが現状である。

わが国においても、このような国際的趨勢を受けて、国民の健康と幸福のために、国民のスポーツ権を保障し、スポーツに参加する自由、スポーツの自主的な運営、オリンピック等の国際競技、その他、教育指導者・施設援助団体・医療保険福祉等々のすべてに、スポーツにかんする基本法が制定されるべきであると考えるものである。

2　スポーツ基本法要綱案（一九九七年一二月二〇日、日本スポーツ法学会第5回大会）

すでに世界各国においては、スポーツに関する法令が形成・整備されてきている。その中で、一九七五年および一九九二年のヨーロッパ評議会によるスポーツ憲章、一九七八年のユネスコによる体育・スポーツ国際憲章、ならびに、アメリカ・フランスなどのスポーツ関係法が、新しいスポーツに関する権利を定めている。

日本スポーツ法学会は、このような動向に注目して、一九九五年に「スポーツ基本法研究専門委員会」（永井憲一委員長）を発足させ、国際的な上記の各憲章や諸外国のスポーツ関係法、ならびに日本のスポーツ振興法などについて研究を重ね、現代における新しいスポーツに関する権利とその実現のために必要とする、スポーツ法のあり方の諸原則を確認した。

われわれ日本スポーツ法学会は、そのような新しい国民の権利を実現するため、新しいスポーツ基本法を制定することが必要であると考え、その要綱案を提案する。

広く国民とスポーツ関係者各位にご検討をいただき、ご意見をお寄せいただくことを期待する。

スポーツ基本法要綱案

前　文

スポーツは、国民の文化、健康、教育、社会生活にとっての基本的な要因として寄与してきた。国民が自由な人格を形成し、健康で文化的な生活を営み、余暇を過すために、スポーツには重要な役割が期待されている。

すべての国民は、自らの幸福を追及するためのスポーツに関する権利が保障されなければならない。この権利の確保とスポーツの発展のために、国、地方公共団体、各種スポーツ団体およびスポーツに参加するすべての者が協力し、必要な措置を講じなければならない。

ここに、スポーツに関する権利および義務の基本を明示して、新しい日本のスポーツの基本を確立するために、スポーツ基本法を制定する。

1　スポーツに関する権利

(1)　すべての国民は、ひとしくスポーツに関する権利を有し、生涯にわたって実際生活に即し、スポーツに参加する自発的な機会が保障されなければならない。スポーツに参加する者は、人種、信条、性別、出生、社会的身分、経済的地位、障害の事情などにより差別されてはならない。

(2)　スポーツに参加する者は、すべて自由であり、つねに公正および安全が確保されなければならない。

2　国および地方公共団体の義務

(1)　国および地方公共団体は、国民のスポーツに参加する権利を保障するために、スポーツの振興にとって必要な組織、財源、安全、施設、教育、指導者、競技水準の向上、研究などの諸条件を整備する義務があり、そのために必要な実施計画を法令により定めなければならない。

(2)　国は、スポーツを専門に主管する行政機関を設置し、スポーツに関する総合的な行政政策を行わなければならない。

(3)　国および地方公共団体は、スポーツ施設の建設および利用を法令により定めなければならない。

(4)　国および地方公共団体は、学校においては体育およびスポーツの機会を保障し、地域・職場においてはスポーツの機会を保障し、また、相互に連携を深めなければならない。

(5)　国および地方公共団体は、スポーツの振興と発展のために、資格を有する専門職員を置かなければならない。

(6)　国および地方公共団体は、スポーツの指導者の資格を認定し、研修・養成を行い、その身分を保障しなければならない。

(7)　スポーツの条件整備に関する国と地方公共団体との関係は、法令によりこれを定める。

3　スポーツの保護

(1) スポーツは、政治的、商業的または金銭的な弊害から保護されなければならない。

(2) スポーツに参加する者は、正当な理由なしに、その自由、安全および財産を制限されてはならない。

(3) スポーツについて紛争が生じた場合には、スポーツに参加する者の公正を確保するために、当事者に対する紛争処理制度を設けなければならない。

4　スポーツ団体の権利と義務

(1) スポーツに参加する者は、自ら選択するスポーツ団体を設立し、これに加入する権利を有する。スポーツ団体は、その必要に応じて法人として設立されることが認められなければならない。

(2) スポーツ団体は、構成員のスポーツに関する自由、公正および安全の権利を確保しなければならない。

(3) スポーツに関する国内機関を設置し、その国内機関は、スポーツの独立と自治を確保するために、それぞれのスポーツ団体の代表から構成されなければならない。この国内機関と国および地方公共団体との関係は、法律により之を定める。

(4) それぞれの国内競技連盟は、そのスポーツ種目の発展のための諸条件を整備し、必要な規約の整備に努めなければならない。

5　スポーツの安全

(1) スポーツに参加する者は、つねに安全に配慮して行動しなければならない。
(2) 国、地方公共団体、および各種スポーツ団体は、スポーツ事故を防止し、また、事故の救済のための万全な対策を行い、スポーツの安全な環境を提供しなければならない。

6　スポーツと環境

(1) スポーツは、自然、都市計画、地域社会などの環境との調和に配慮して行わなければならない。また、スポーツ施設は、環境に配慮して建設しなければならない。

7　スポーツに関する国際協調

(1) スポーツには、国際協調を必要とし、国は、広く諸外国において承認されているスポーツに関する権利宣言を積極的に受け入れ、国内政策に反映させなければならない。

8　法令制定義務

(1) この法律に掲げる諸条項を実施するために必要がある場合には、適当な法令が制定されなければならない。

9　スポーツ振興法との関係

(1) スポーツ基本法の施行後、スポーツ振興法の各条項に関する制度上の改革が行われなければならない。

（詳しくは、伊藤一九九三、永井一九九八を参照）

参照文献一覧

1　各章の初出論文で参照した文献を本書編集時に補充した一覧表である。
2　順序は、編著者または書名のアルファベット順、同一人のは発表年順。文献名に続く数字の、カッコのないのは巻、あるのは号の番号。
3　「年報」は『日本スポーツ法学会年報』（早稲田大学出版部発行）、「入門」は千葉＝濱野一九九五、「特集」は特集「スポーツ法学」一九九三（『法律時報』65(5)）、それぞれの略。

『安全協会』　一九九五。『財団法人スポーツ安全協会二十年史』同協会
ブランチャード、K＝A・T・チェスカ　一九八八。『スポーツ人類学入門』（寒川恒夫訳）大修館書店、原本一九八五
ブッチャー、C・A　一九八四。『保健・体育プログラムの管理』増補（伊藤堯訳）道和書院、原本一九七一
千葉正士　一九八〇。『法と紛争』三省堂
――一九八八。『法社会学――課題を追う』成文堂
――一九九〇。「提唱・スポーツ法学――欧米の現状概観より」『東海法学』(5)〔本書第1章〕
――一九九一。『法文化のフロンティア』成文堂

―――一九九二a。「スポーツ法社会学への誘い」『法社会学』(44)〔本書第3章一〕
―――一九九二b。「スポーツ法シンポジウムの記録」、東海大学社会科学研究所『行動科学研究』(40)
―――一九九三。「スポーツ法学の現状と課題」特集所収〔本書第2章〕
―――一九九四。「スポーツ法の国家性と自主性・世界性」年報(1)〔本書第5章〕
―――一九九五a。「スポーツ紛争とその処理制度――スポーツ固有法の機能」年報(2)〔本書第6章〕
―――一九九五b。「スポーツ法学の意義」訂正版二〇〇〇。入門所収〔本書第4章〕
―――一九九七a。「スポーツと法――文化としてのスポーツ」『スポーツジャーナル』1月号〔本書第3章二〕
―――一九九七b。「スポーツ法学」『スポーツのみかた』(朝日新聞社)所収
―――一九九七c。「スポーツの文化性・権利性と法理念」年報(4)〔本書第7章〕
―――一九九八a。『アジア法の多元的構造』成文堂
―――一九九八b。「スポーツ固有法の要件と事故・紛争に対する役割」年報(5)〔本書第8章〕
―――一九九九。「法人類学の可能性」『国士舘法学』(31)
―――＝濱野吉生(編)一九九五。『スポーツ法学入門』体育施設出版、訂正再版二〇〇〇
エリアス＝ノルベルト　一九九六。『時間について』(井本晌二＝青木誠之訳)法政大学出版会、原本一九八四
―――＝エリック＝ダニング　一九九五。『スポーツと文明化――興奮の探求』(大平章訳)法政大学出版局、原本一九八六
エールリヒ、E　一九八四。『法社会学の基礎理論』(河上倫逸＝M・フープリヒト訳)みすず書房、原本一

九一三
グットマン＝アレン　一九九七。『スポーツと帝国——近代スポーツと文化的帝国主義』（谷川稔他訳）昭和堂
濱野吉生　一九八八。『体育・スポーツ法学概論』前野書院
——　一九九四。「スポーツ権をめぐる諸問題」年報(2)
——　一九九五。「スポーツ振興法」入門所収
——　一九九七。「スポーツ事故における自己決定権と契約責任」年報(4)
日野一男　一九九五。「スポーツ事故の予防——社会状況の変化及び過失理念から見る指導上の注意」年報(2)
廣濱嘉雄　一九三七。『法理学』日本評論社
ホーベル、E・A　一九八四。『法人類学の基礎理論——未開人の法』（千葉正士＝中村孚美訳）成文堂、原本一九五四
池井　優　一九九三。「プロスポーツと法」特集所収
今村浩明　一九七七。「文化としてのスポーツ」、影山健他編『国民スポーツ文化』（大修館書店）所収
今中利昭（監修）　一九九五。『会員権紛争の上手な対処法』民事法研究会
稲垣正浩　一九九一—九五。「スポーツ文化の周縁」、三省堂『ぶっくれっと』連載（九一—一一四）、内二一編が同一九九五に再録
——　一九九三—九四。『スポーツを読む』I—III、三省堂
——　一九九五。『スポーツの後近代——スポーツ法文化はどこへ行くか』三省堂
——　一九九七。「スポーツの文化性について——〝比較スポーツ文化論〞の立場から」年報(4)

稲垣　優　一九八七。「古泳法を語る――小堀流の法」、東海大学法学研究所『法学研究資料』第4集
井上洋一　一九九〇。「アメリカのスポーツ法に関する研究――アマチュア・スポーツ法の背景、成立、内容を中心として」『東京大学教養学部紀要』(24)
――一九九四。「判例にみるアメリカ・スポーツの当事者関係――高レベルのアマチュア競技者をめぐって」年報(1)
――一九九五a。「諸外国におけるスポーツ法――アメリカ」入門所収
――一九九五b。「アメリカのスポーツ紛争――スポーツとバイオレンス規制をめぐって」年報(2)
入澤　充　一九九六。「スポーツ部活動と在学契約の問題――スポーツ権理論の理解を深めるために」年報(3)
伊藤進＝織田博子　一九八八―九二。「学校事故賠償責任の判例法理」『判例評論』(三七四―三九八)
伊藤　尭　一九八〇。『体育法学の課題』道和書院
――一九八三。『体育・スポーツ事故判例の研究』道和書院、増補改訂版一九九五
――一九八九。『スポーツアクシデント』体育施設出版、改訂三版一九九九
――一九九三。「提唱　スポーツ基本法」特集所収
――一九九四。「スポーツ事故判例にみる当事者関係――スポーツの本質的危険性をめぐって」年報(1)
――＝山田良樹（編）一九九〇。『スポーツ六法』道和書院、新訂版一九九八
――他（編）　二〇〇〇。『スポーツの法律相談』青林書院
『Jリーグ規約・規程集』　一九九七。日本プロサッカーリーグ発行
梶原景昭　一九八七。「シンボル・シンボリズム」、石川栄吉他（編）『文化人類学事典』（弘文堂）所収
唐木国彦　一九九四。「市民スポーツにおける当事者関係」年報(1)

樫村志郎　一九八九。『〝もめごと〟の法社会学』弘文堂
加藤　久　一九九六。「Jリーグ規約の運用実態」年報(3)
川井啓司　一九九五―九六。「アメリカプロスポーツの法的問題――反トラストと労働法における移籍の問題を中心に」一―二、『同志社法学』47(4―5)
――　一九九七。「アメリカ四大リーグにかかわる反トラスト法上の取扱いの経緯――リーグにおける〝選手〟の取引制限について」年報(4)
ケルゼン、H　一九三八。『純粋法学』（横田喜三郎訳）岩波書店、原本一九三四
キッダー、R・L　一九九四。「アジア法システム研究における文化概念のイデオロギー性――インド法・日本法をアメリカ法と比較して」、千葉正士編『アジア法の環境』（成文堂）所収
木戸啓起　一九九六。「スポーツ事故とルールとの関連」年報(3)
――　一九九七。「子どものスポーツ障害をめぐる社会的問題」年報(4)
金　信敬　一九九六。「中国のスポーツ事故の補障問題について」年報(3)
小林真理　一九九四。「ボン基本法の原理とスポーツ振興」年報(1)
――　一九九五a。「諸外国におけるスポーツ法――ドイツ」入門所収
――　一九九五b。「スポーツ施設と環境保護――第18インミッション防止法実施令〝スポーツ施設騒音防止法〟を中心に」年報(2)
――　一九九八。「スポーツとメディアに関する法律問題の諸相」年報(5)
根保宣行　一九九五。「ニュージーランド事故補障法とスポーツ事故」年報(2)
――　一九九七。「ニュージーランドにおけるスポーツ振興政策とスポーツ事故防止策」年報(4)

――　一九九八。「ニュージーランドにおけるスポーツ法の理念とスポーツ事故――ニュージーランドのラグビー事故」年報(5)
小谷寛二　一九九七a。「スポーツルールの構造特性」年報(4)
――　一九九七b。「スポーツと法――スポーツとルール」『スポーツジャーナル』4／5月号
マリノフスキー、B　一九六七。『未開社会における犯罪と慣習』（青山道夫訳）新泉社、原本一九二六
マルムステーン＝クリステル　一九九六。「スウェーデンにおけるスポーツ法とスポーツに関する紛争の解決」（萩原金美訳）年報(3)
増尾　均　一九九六。「体育授業中クラブ活動中の事故と安全配慮義務」年報(3)
松元忠士　一九八一。「スポーツ権の法理論と課題」『法律時報』53(5)
――　一九九三。「スポーツ権」特集所収
松浪健四郎（編著）　一九九一。『体育とスポーツの国際協力』ベースボール・マガジン社
ミラー＝マービン　一九九三。『FAへの死闘』（武田薫訳）ベースボール・マガジン社
宮内孝知　一九八八。「日本におけるスポーツ組織の歴史的・社会的性格」、森川貞夫＝佐伯総夫編著『スポーツ社会学講義』（大修館）所収
望月浩一郎　一九九五a。「施設設備の瑕疵によるスポーツ事故と損害賠償責任」入門所収
――　一九九五b。「スポーツ障害・事故の法律的側面の現状と課題」年報(2)
森　浩寿　一九九九。「オーストラリアにおけるスポーツ行政の変遷――National Fitness Actから Australian Sports Commission Actへ」年報(6)
森川貞夫　一九八〇。『スポーツ社会学』青木書店

――一九九三。「スポーツ法学への期待」特集所収
――一九九五。「スポーツ固有法」入門所収
――一九九八。「スポーツ法の役割・理念とその適用における今日的課題――とくに地方自治体におけるスポーツ行政の制度的問題を中心として」年報(5)
守能信次　一九八四。『スポーツルールの社会学』名古屋大学出版会
――一九九三。「スポーツルールと法」特集所収
永井憲一　一九七二。「権利としての体育・スポーツ」『体育科教育』(12)
――一九九三。「日本スポーツ法学会設立の提唱――特集のあとがきにかえて」特集所収
――一九九四。「国の〝文化〟としてのスポーツ――スポーツ法学の対象・方法とその課題」年報(1)
――一九九五。「スポーツ権」入門所収
――一九九八。「提案・スポーツ基本法要綱案」年報(5)
永石啓高　一九九四。「オリンピック憲章の規範性――国際スポーツ法、国際スポーツ共同体としてのオリンピック憲章」年報(1)
中田　誠　一九九六。「スクーバダイビング業界における「免責同意書」の実態」年報(3)
――一九九九。「レジャーダイビング業界の現状について」年報(6)
――二〇〇一。『ダイビングの事故・法的責任と問題』杏林書院
中原喜一郎　一九七八。『民間国際法論』中央大学出版局
中村浩爾　一九九四。『都市的人間と民主主義』文理閣
――一九九六。「スポーツにおける個人・団体・国家――競技者の〝自己決定権〟をめぐって」年報(3)

中村敏雄　一九八〇。「スポーツ権の意義と課題」『季刊教育法』(37)
――　一九八九。『メンバーチェンジの思想――ルールはなぜ要るか』平凡社
――　一九九五a。『スポーツルール学への序章』大修館書店
――　一九九五b。『日本的スポーツ環境批判』大修館書店
――(編)　一九九三。『スポーツの伝播・普及』創文企画
中村祐司　一九九四。「イギリスにおけるスポーツ行政組織の移管をめぐる法的検討」年報(1)
――　一九九五a。「諸外国におけるスポーツ法――イギリス」入門所収
――　一九九五b。「イギリスにおけるサッカーフーリガンをめぐる法的対応」年報(2)
――　一九九六。「イギリスにおけるスポーツ市場をめぐる関連法規の検討」年報(3)
――　一九九七。「イギリスのＦＬＡをめぐる諸規程についての一考察――サッカー競技場の安全政策における ライセンス機関、地方行政機関、クラブの機能的連携」年報(4)
――　一九九八。「イギリス文化省のスポーツ政策の動向と関連法令」年報(5)
那須耕介　二〇〇一。「〝ルール〟観の鍛えなおしに向けて」『アメリカ法』(予定)
西村宏一　一九八八―八九。「スポーツと法」(1、2)『東海法学』(2、3)
――　一九九二。「特集のはじめに――日本スポーツ法学会設立記念研究集会までの経緯について」特集所収
野間口英敏　一九八七。『キャンプ指導の安全と健康管理』御茶の水書房
――　一九八八。『体育・スポーツ指導の安全』御茶の水書房
野村敬造　一九八九。「フランスのスポーツ基本法」『東海法学』(3)
大林太良　一九八六。「スポーツと儀礼」、森亘他編『スポーツ』(東京大学出版会)所収

小田　滋　一九九八。「長野オリンピックにおけるスポーツ関連紛争の解決」『ジュリスト』(一一二七)
小笠原　正　一九九三。「職業選択の自由とプロ選手」『ジュリスト』(一〇三二)
――　一九九五。「スポーツ国家法」入門所収
――　一九九八。「スポーツと法」、鴨野幸雄他(編著)『法学レッスン』(成文堂)所収
及川　伸　一九九五。「スポーツ事故と〝危険引受けの法理〟」年報(2)
――　一九九七。「スポーツ文化における権利の形成・侵害・放棄」年報(4)
奥島孝康　一九九三。「プロ野球協約と独禁法」『ジュリスト』(一〇三二)
織田博子　一九八七。「最近学校事故判例総覧――昭和五七―六二年」『ジュリスト』(八八六)
尾高朝雄　一九四二。『実定法秩序論』岩波書店
『Q&A』　一九九七。スポーツ問題研究会編『Q&A　スポーツの法律問題』民事法研究会
斎藤健司　一九八七。「基本的人権とスポーツ活動」、筑波大学体育行財政研究室『体育・スポーツ法規研究』(1)
――　一九九三。「フランススポーツにおけるスポーツ営利社団制度の展開に関する研究」『スポーツ産業学研究』3(2)
――　一九九四。「フランス・スポーツ法の歴史と理論」年報(1)
――　一九九五a。「諸外国におけるスポーツ法――フランス」入門所収
――　一九九五b。「フランススポーツ法におけるスポーツ施設制度の成立と展開」年報(2)
――　一九九七。「フランス〝体育およびスポーツの発展に関する一九七五年一〇月二九日の法律第七五―九八八号〟の成立過程の研究」年報(4)

――一九九八。「フランススポーツ法典の構成」年報(5)
斎藤　勝　一九九五。「スポーツにおける当事者関係の特質――学校体育における指導者と学生生徒」年報(1)
――他（編著）　一九九三。『スポーツ安全管理の要点・事故事例・判例』東海大学学務部
坂本重雄　一九九三。「プロ野球の選手契約――労働法学の立場から」『ジュリスト』（一〇三二）
――一九九六。「スポーツ選手契約の法的課題」年報(3)
佐々木光明　一九九五。「社会統制の媒介としての「スポーツ」と当事者性――青少年の健全育成政策から」年報(1)
佐藤千春　一九八七。「団体による不利益処分と救済の構造――特にスポーツ団体と会員の関係を中心にして」、慶応大学『法学研究』60(2)
――一九八九。「試合中の選手間事故と加害選手の免責――アマチュアを中心にして」『朝日法学論集』(2)
――一九九一。「スポーツ競技における司法審査とその限界――特にアマチュア審判の判定の取消・無効に関連して」『朝日法学論集』(6)
――一九九二。「スポーツ団体による競技者の統制――処分の私法的構造と司法的救済」『朝日法学論集』(9)
――一九九四a。「国際競技団体による競技者の制裁――その構造と救済の法理」、慶応大学『法学政治学論究』(21)
――一九九四b。「競技者の権利と義務」年報(1)
――一九九五。「スポーツ団体と競技者」入門所収
――一九九六a。「スポーツにおける安全提供義務とその効用――事故紛争解決のための法構造」『日本ス

ポーツ産業学会スポーツ法学専門分科会年報』(1)
—— 一九九六b。「スポーツ事故における契約構成」年報(3)
—— 一九九七。「法的整備と競技者の人権」『スポーツとアンチドーピング』所収
佐藤臣彦　一九九一。「体育とスポーツの概念的区別に関するカテゴリー論的考察」『体育原理研究』(22)
佐藤節子　一九九七。『権利義務・法の拘束力』成文堂
関　春南　一九九七。『戦後日本のスポーツ政策——その構造と展開』大修館書店
寒川恒夫　一九九二。「スポーツの民族性と普遍性」『スポーツという文化』所収
—— 一九九六。「スポーツ法——スポーツの概念」『スポーツジャーナル』12月号
—— 一九九七a。「スポーツ学への招待」『スポーツのみかた』(朝日新聞社)所収
—— 一九九七b。「文化としてのスポーツ」年報(4)
——(編著) 一九九四。『スポーツ文化論』杏林書院
——(監修) 一九九五。『二一世紀の伝統スポーツ』(伝統スポーツ国際会議実行委員会編)大修館書店
『新修体育大辞典』　一九七六。不昧堂
菅原　礼(編著) 一九八〇。『スポーツ規範の社会学——ルールの構造分析』不昧堂
菅原哲郎　一九九五。「スポーツボランティアとスポーツ事故」年報(2)
「スポーツ・ルール物語」一九八六—九一。三省堂『ぶっくれっと』(六二—九〇)、一—八——中村敏雄、九—一七——岡尾恵市、一八—三〇——稲垣正浩
『スポーツとアンチドーピング』　一九九七。全国体育系大学学長・学部長会編、ブックハウス・エイチディ
『スポーツという文化』　一九九二。サントリー不易流行研究所編、TBSブタニカ発行

諏訪伸夫　一九八七。「体育スポーツ法規の意義と構造」、筑波大学体育行財政研究室『体育・スポーツ法規研究』(1)
——　一九九二。「現代ドイツスポーツの光と影——大衆スポーツの振興とスポーツ事故の実態」同右(6)
鈴木モモ子　一九九五。「アメリカのスポーツ事故判例におけるWAIVER FORMについて」年報(2)
『体育・スポーツ総覧』　一九九七。文部省体育局編、ぎょうせい発行
高橋雅夫　一九九六。「EUにおける職業としてのスポーツ——ボスマン事件を中心に」年報(3)
竹之下休蔵　一九七五。「国民総スポーツと国民のスポーツ権」『体育科教育』10月号
田中淳子　一九九七。「スポーツ事故における『安全配慮義務』理論の機能」年報(4)
特集「プロ野球の法律問題」　一九九三。『ジュリスト』(一〇三二)
特集「スポーツ法学」　一九九三。『法律時報』65(5)
トーマス、キャロリン・E　一九九一。『スポーツの哲学』(大橋道雄他訳)不昧堂、原本一九八三
浦川道太郎　一九九三a。「スポーツと民法」特集所収
——　一九九三b。「プロ野球の選手契約——民法学の立場から」『ジュリスト』(一〇三二)
——　一九九五。「プロスポーツと契約」入門所収
内海和雄　一九九三。『戦後スポーツ体制の確立』不昧堂
和田仁孝　一九九四。『民事紛争処理理論』信山社
和田安弘　一九九四。『法と紛争の社会学』世界思想社
『野球規約』　一九九七。日本野球機構編集発行『日本プロフェッショナル野球規約』
山田　新　一九九六。「スポーツ選手契約の諸実態」年報(3)

山本草二　一九九四。『新版　国際法』有斐閣

山崎正和　一九九二。「生活文化としてのスポーツ」『スポーツという文化』所収

山下和彦　一九九二。「ルールの倫理学」、体育原理専門部会編『スポーツの倫理』（不昧堂）所収

ヨンパルト＝ホセ　一九九四。「教会法──国家法と国際法との比較」『上智法学論集』27(3)

吉田雅子　一九九七。「テニス環境の保護について──テニス会員権訴訟における問題点」年報(4)

吉田禎吾　一九八七。「文化」、石川栄吉他（編）『文化人類学事典』（弘文堂）所収

湯浅道男　一九九三。「スポーツ事故と法的責任──登山事故をめぐって」特集所収

──　一九九五。「スポーツ事故と刑事責任」入門所収

座談会「プロ野球と法」　一九七九。『ジュリスト』（六八七）

座談会「スポーツと法」　一九八六。（一、二）、東海大学法学研究所『法学研究資料』第3集

Alaphilippe, F., & J.-P. Karaquillo 1985. *L'activité sportive dans les balances de la justice*, "Droit et economie du sport" N° 5, Paris: Dalloz

Appenzeller, H. 1983. *The Rights to Participate: The Law and Individuals with Handicapping Conditions in Physical Education and Sports*, Charlottesville, Va.: Michie

——& Th. Appenzeller 1980. *Sports and the Courts*, Charlottesville, Va.: Michie

Arbena, J. L., 1988. *Sport and Society in Latin America: Diffusion, Dependency, and the Rise of Mass Culture*, New York: Greenwood Pr.

Arnold, D.E. 1983. *Legal Considerations in the Administration of Public School Physical Education and*

Athletic Programs, Springfield: Charles C. Thomas

Baker, W.J., & J.A. Mangan, eds. 1987. *Sport in Africa: Essays in Social History*, New York: Africa Pub. Co.

Baley, J.A., & D. Matthews 1984. *Law and Liability in Athletics, Physical Education, and Recreation*, Boston: Allyn & Bacon

Barnes, J. 1983. *Sports and the Law in Canada*, Toronto: Butterworths

Berry, R.C. 1984. *Common Concern in Professional and Amateur Sports*, Chicago: American Bar Association

—— & G.M. Wong 1985. *Law and Business of the Sports Industries: Common Issues in Amateur and Professional Sports*, Dover, MA: Auburn House

Brailsford, D. 1991. *Sport, Time, and Society: The British at Play*, London: Routledge

Champion, W.T., Jr. 1990. *Fundamentals of Sports Law*, San Francisco: Bancroft-Witney

Chiba, M. 1989. *Legal Pluralism: Toward a General Theory through Japanese Legal Culture*, Tokyo: Tokai U.P.

—— 1993. "Sports Law as a Sub-Culture and a Supra-Culture," Tokai University *Journal of Behavioral and Social Sciences*, 1994 (3)

Coghlan, J.F. 1990. *Sport and British Politics since 1960*, London: The Falmer Pr.

Collomb, P., dir. 1988. *Sport et decentralisation*, Paris: Economica

Droit et sport 1984. *Actualité legislative Dalloz: Loi N°s 84-610 du 16 Juillet 1984 et commentaires*,

Paris: Dalloz

Engel, D. 1984. "The Oven Bird's Song," *Law & Society Review* 18 (4)

—— 1987. "Law, Time, and Community," *Law & Society Review* 21 (4)

Feest, Johannes, ed. 1999. *Globalization and Legal Cultures*, Oñati, Spain: International Institute for the Sociology of Law

—— & E. Blankenburg, eds. 1997. *Changing Legal Cultures*, Oñati: IISL

Fishof, D., & E. Shapiro 1983. *Putting It on the Line: The Negotiating Secrets, Tactics, and Techniques of a Top Sports and Entertainment Agent*, New York: William Morrow

Fitzpatrick, P. 1992. *The Mythology of Modern Law*, London: Routledge

Gaedelmann, P.L., et al. 1977. *Equality in Sport for Women*, Washington, DC: AAHPER

Gallner, S. 1975. *Pro Sports: The Contract Game*, New York: Charles Scriber

Gessner, V., et al., eds. 1996. *European Legal Cultures*, Aldertshot: Dartmouth

Grayson, E. 1988. *Sports and the Law*, London: Butterworths; 2nd ed., 1993

Grunsky, W., Herg. 1985. *Werbetätigkeit und Sportvermarkung*, "Recht und Sport" 3, Heidelberg: C. F. Müller

Guttmann, A. 1986. *Sports Spectaters*, New York: Colombia U.P.

Hargreaves, J. 1986. *Sport, Power and Culture: A Social and Historical Analysis of Popular Sports in Britain*, Cambridge: Polity Pr.

Harvey, J., & H. Cantelon, eds. 1988. *Not Just a Game: Essays in Canadian Sport Sociology*, Ottawa:

U. of Ottawa Pr.

Hladczuk, J., et al., eds. 1991. *Sports Law and Legislation: An Annotated Bibliography*, New York: Greenwood Pr.

Hoebel, E.A. 1972. *Anthropology: The Study of Man*, 4th ed., New York: McGrawhill

Hohfeld, W.N. 1919. *Fundamental Legal Conceptions*, New Haven: Yale U.P.

Holmes, G.E., ed. 1980. *New Dimentions in Product Liability: Sports Injuries*, Ann Arbor, MI.: The Institute of Continuing Legal Education

Horrow, R.B. 1980. *Sports Violence: The Interaction between Private Lawmaking and the Criminal Law*, Arlington: Carrollton Pr.

ISA RCSL 1991. *30 Years for the Sociology of Law*, Oñati, Spain: IISL

JLPUL 1981- . *Journal of Legal Pluralism and Unofficial Law*, pub. by Fred B. Rothman, Littleton, CO; by William S. Hein, Buffalo, NY, since 1999

Johnson, A.T., & J.H. Frey, eds. 1985. *Government and Sport: The Public Policy Issues*, Tonowa, NJ: Borman & Allanheld

Jones, M.E., ed. 1980. *Current Issues in Professional Sports*, Durham, NH: U. of New Hampshire

Jones, S.G. 1988. *Sport, Politics and the Working Class*, Manchester: Manchester U.P.

Kidd, B., & M. Eberts 1982. *Athletic Rights in Canada*, Toronto: Ministry of Tourism and Recreation

Klatell, D.A., & N. Marcus 1988. *Sports for Sale: Television, Sports and the Fans*, Oxford: Oxford U.P.

Krähe, Ch., Herg. 1987. *Wassersport auf Binnengewassern und Bodensee*, "Recht und Sport" 8, Heidelberg: C.F. Müller

Malatos, A. 1988. *Berufsfussball in europäischen Rechtsvergleich*, Kehl: N.P. Engel

Mandell, R.D. 1984. *Sport: A Cultural History*, New York: Colombia U.P.

Marasinghe, M.L., & W.M. Conklin, eds. 1994. *Essays on Third World Perspectives in Jurisprudence*, Singapore: Malayan Law Journal

Markham, J.W., & P. Teplitz 1981. *Baseball Economics and Public Policy*, Lexington, MA.: D.C. Heath

Nafziger, J.A.R. 1988. *International Sports Law*, Dobbs Ferry: Transactional Publishers

NCAA 1985a. *Manual of the National College Athletic Association 1985-86*, Mission, KS: NCAA

—— 1985b. *NCAA Guide for the College-Bound Student Athlete*, Mission, KS: NCAA

Noll, R.G., ed. 1974. *Government and Sports Business*, Washington, D.C.: Brookings Institution

Podgorecki, A. 1974. *Law and Society*, London: Routledge & Kegal Paul

Reschke, E., Herg. 1985. *Sport als Arbeit: Zur rechtlichen Stellung von Amateuren und Profits*, "Recht und Sport" 4, Heidelberg: C.F. Müller

Reuter, D. 1988. *Einbindung des nationalen Sportrechts in internationale Bezüge*, "Reccht und Sport" 7, Heidelberg: C.F. Müller

Ruxin, R.H. 1982. *An Athlete's Guide to Agents*, Blumington, IN: Indiana U.P.

Schauer, F. 1991. *Playing by the Rules: A Philosophical Examination of Rule-Based Decision-Making in Law and in Life*, Oxford: Clarendon Pr.

Scheffen, E., Herg. 1985. *Haftung und Nachbarschutz im Sport*, "Recht und Sport" 2, Heidelberg: C. F. Müller

Schild, Worfgang, Herg. 1986. *Rechtliche Fragen des Dopings*, "Recht und Sport" 5, Heidelberg: C. F. Müller

Sloan, P.S. 1983. *The Athlete and the Law*, Legal Almanac Series No. 81, New York: Oceana Publication

Sobel, L.S. , ed. 1977. *Professional Sports & the Law*, New York: Law-Arts Publications; Supplement 1981

Sports and the Courts 1980- . With the subtitle "Physical Education and Sports Law Newsletter," Winston-Salem, NC: Sports and the Courts, Inc.

Sports Lawyers Association 1984. *Sports Law-1984,* Chicago: SLA

Steiner, U., Herg. 1984. *Kinderhochleistungssport*, "Recht und Sport" 1, Heidelberg: C.F. Müller

Tettinger, P.J., Herg. 1987. *Subventionierung des Sports*, "Recht und Sport" 6, Heidelberg: C.F. Müller

Townley, S., & E. Grayson 1984. *Sponsorship of Sport*, *Arts*, *Leisure: Law*, *Tax and Business Relationship*, London: Sweet & Maxwell

TWLS 1900- . *Third World Legal Studies*, pub. By International Third World Studies Association

Uberstine, G.A. 1985. *Covering All the Bases: A Comprehensive Research Guide to Sports Law*,

Buffalo, NY: William S. Helm
Vinokur, M.B. 1988. *More Than a Game: Sports and Politics*, Westport, CT: Greenwood Pr.
Wade, S.C., & R.D. Hay 1988. *Sports Law for Educational Institutions*, Westport, CT: Quoram Books
Waicukauski, R.J., ed. 1982. *Law & Amateur Sports*, Blumington, IN: Indiana U.P.
Weismann, U. 1983. *Sport, Spiel und Recht*, München: C.H. Beck
Weistart, J.C., & C.H. Lowell 1979. *The Law of Sports*, Charlottsville, VA: Bobbs-Merrill
Will, M.R., Herg. 1988. *Sport und Recht in Europa: Kolloquium*, Saarbrücken: Europa-Institut der Universität des Saarlandes
——, Herg. 1993. *Sportrecht in Europa*, "Recht und Sport" 11, Heidelberg: C.F. Müller
Yasser, R. 1985a. *Torts and Sports: Legal Liability in Professional and Amateur Athletics*, Westpport, CT: Quoram Books
——1985b. *Sports Law: Cases and Materials*, New York: U.P. of America; 2nd ed. 1994 & 3rd ed. 1996 by Anderson Publications

R

S

事項(人名)索引

〈著者紹介〉

千 葉 正 士（ちば まさじ)、1919年誕生。

主な経歴

1948　　東北大学大学院後期課程修了（法哲学)。
1949—83　東京都立大学勤務（法哲学)、現名誉教授
1981—　　国際法人類学会理事
1983—93　東海大学勤務（法社会学）
1988—91　日本法社会学会理事長
1992—95　日本スポーツ法学会会長

主な業績

1962『学区制度の研究』勁草書房
1969『現代・法人類学』北望社
1970『祭りの法社会学』弘文堂
1986 Ed., *Asian Indigenous Law*, London: KPI
1989 *Legal Pluralism*, Tokyo: Tokai University Press
1998『アジア法の多元的構造』成文堂

スポーツ法学序説

2001年(平成13年) 3月30日　第1版第1刷発行
3035-0101

著　者　千　葉　正　士
発行者　今　井　　貴
発行所　信山社出版株式会社
〒113-0033 東京都文京区本郷6-2-9-102
電　話 03 (3818) 1019
FAX 03 (3818) 0344
http://www.shinzansha.co.jp
Printed in Japan

©千葉正士，2001．印刷・製本／勝美印刷・大三製本

ISBN4-7972-3035-5 C3332
3035-012-030-020
NDC分類 320.001

人間・科学技術・環境　ドイツ憲法判例研究会 編　一二〇〇〇円

法過程のリアリティー　宮澤節生著　二八〇〇円

人間の法的権利　シガート・ポール 著　初川　満　訳　三八〇〇円

みぢかな法学入門　石川　明編　二五〇〇円

図説法学　佐久田昌一著　二五〇〇円

わかりやすい市民法律ガイド　遠藤浩・林屋礼二・北沢豪・遠藤曜子著　一七〇〇円

信　山　社

ケース・メソッド教養法学新講（上）　高野幹久著　二九一三円

自然の権利　山村恒年・関根隆直編　二八一六円

現代社会と自己決定権　松本博之・西谷敏編　一三〇〇〇円

法と経済学　林田清明著　二八〇〇円

子供の権利と児童福祉法　許斐　有著　二七〇〇円

紛争解決学　廣田尚久著　三八六四円

信山社

法と社会を考える人のために

深さ　広さ　ウイット

長尾龍一 IN 信山社叢書

刊行中

石川九楊装幀　四六判上製カバー
本体価格2,400円～4,200円

信山社

〒113-0033 東京都文京区本郷6-2-9-102
TEL 03-3818-1019　FAX 03-3818-0344

既刊・好評発売中

法学ことはじめ　本体価格2,400円

主要目次
1　法学入門／2　法学ことはじめ／3　「法学嫌い」考／4　「坊ちゃん法学」考／5　人間性と法／6　法的言語と日常言語／7　カリキュラム逆行の薦め／8　日本と法／9　明治法学史の非喜劇／10　日本における西洋法継受の意味／11　日本社会と法

法哲学批判　本体価格3,900円

主要目次
一　法哲学
1　法哲学／2　未来の法哲学
二　人間と法
1　正義論義スケッチ／2　良心について／3　ロバート・ノージックと「人生の意味」／4　内面の自由
三　生と死
1　現代文明と「死」／2　近代思想における死と永生／3　生命と倫理
四　日本法哲学論
1　煩悩としての正義／2　日本法哲学についてのコメント／3　碧海先生と弟子たち
付録 駆け出し期のあれこれ　1　法哲学的近代法論／2　日本法哲学史／3　法哲学講義

争う神々　本体価格2,900円

主要目次
1　「神々の争い」について／2　神々の闘争と共存／3　「神々の争い」の行方／4　輪廻と解脱の社会学／5　日本における経営のエートス/6　書評　上山安敏「ヴェーバーとその社会」／7　書評　佐野誠「ヴェーバーとナチズムの間」／8　カール・シュミットとドイツ／9　カール・シュミットのヨーロッパ像／10　ドイツ民主党の衰亡と遺産／11　民主主義論とミヘルス／12　レオ・シュトラウス伝覚え書き／13　シュトラウスのヴェーバー批判／14　シュトラウスのフロイト論／15　アリストテレスと現代

西洋思想家のアジア　本体価格2,900円

主要目次
一　序説
1　西洋的伝統—その普遍性と限界
二　西洋思想家のアジア
2　グロティウスとアジア／3　スピノザと出島のオランダ人たち／4　ライプニッツと中国

三　明治・大正を見た人々
5　小泉八雲の法哲学／6　蓬莱の島にて／7　鹿鳴館のあだ花のなかで／8　青年経済学者の明治日本／9　ドイツ哲学者の祇園体験
四　アメリカ知識人と昭和の危機
10　ジョン・ガンサーと軍国日本／11　オーウェン・ラティモアと「魔女狩り」／12　歴史としての太平洋問題調査会

純粋雑学　本体価格 2,900円

主要目次
一　純粋雑学
1　研究と偶然／2　漢文・お経・英語教育／3　五十音拡充論／4　英会話下手の再評価／5　ワードゲームの中のアメリカ／6　ドイツ人の苗字／7　「二〇〇一年宇宙の旅」／8　ウィーンのホームズ／9　しごとの周辺／10　思想としての別役劇／11　外国研究覚え書き
二　駒場の四十年
　A　駆け出しのころ
12　仰ぎ見た先生方／13　最後の貴族主義者／14　学問と政治―ストライキ問題雑感／15　「居直り」について／16　ある学生課長の生涯
　B　教師生活雑感
17　試験地獄／18　大学私見／19　留学生を迎える／20　真夏に師走　寄付集め／21　聴かせる権利の法哲学／22　学内行政の法哲学
　C　相関社会科学の周辺
23　学僧たち/24　相撲取りと大学教授/25　世紀末の社会科学／26　相関社会科学に関する九項/27　「相関社会科学」創刊にあたって/28　相関社会科学の現状と展望／29　相関社会科学の試み／30　経済学について／31　ドイツ産業の体質/32　教養学科の四十年・あとがき/33　教養学科案内
　D　駒場図書館とともに
34　教養学部図書館の歴史・現状・展望／35　図書館の「すごさ」／36　読書と図書館／37　教養学部図書館の四十年／38　「二十一世紀の図書館」見学記／39　一高・駒場・図書館／40　新山春子さんを送る
三　私事あれこれ
41　北一輝の誤謬／42　父の「在満最後の日記」／43　晩年の孔子／44　迷子になった話／45　私が孤児であったなら／46　ヤルタとポツダムと私／47　私の学生時代／48　受験時代／49　「星離去」考／50　私の哲学入門／51　最高齢の合格者／52　飼犬リキ／53　運命との和解／54　私の死生観

されど、アメリカ　本体価格 2,700円

主要目次
一　アメリカ滞在記
1　アメリカの法廷体験記／2　アメリカ東と西／3　エマソンのことなど／4　ユダヤ人と黒人と現代アメリカ／5　日記――滞米2週間
二　アメリカと極東
1　ある感傷の終り／2　ある復讐の物語／3　アメリカ思想と湾岸戦争／4　「アメリカの世紀」は幕切れ近く

最新刊

古代中国思想ノート　本体価格2,400円

主要目次
第1章　孔子ノート
第2章　孟子ノート
第3章　老荘思想ノート
第1節　隠者／第2節　「老子」／第3節　荘子
第4章　荀子ノート
第5章　墨家ノート
第6章　韓非子ノート
附録　江戸思想ノート
1　江戸思想における政治と知性／2　国学について――真淵、宣長及びその後
巻末　あとがき

ケルゼン研究Ⅰ　本体価格4,200円

主要目次
Ⅰ　伝記の周辺
Ⅱ　法理論における真理と価値
序論／第1編　「法の純粋理論」の哲学的基礎／第2編　「法の純粋理論」の体系と構造
Ⅲ　哲学と法学
Ⅳ　ケルゼンとシュミット
巻末　あとがき／索引

歴史重箱隅つつき　本体価格2,800円

主要目次
Ⅰ　歩行と思索
Ⅱ　温故諷新
Ⅲ　歴史重箱隅つつき
Ⅳ　政治観察メモ
Ⅴ　雑事雑感
巻末　あとがき／索引

続刊　オーウェン・ラティモア伝

〒113-0033 東京都文京区本郷6-2-9-102 信山社 TEL03-3818-1019 FAX03-3818-0344